秀徹
SHU-TETSU
新打撃術

超弩級の威力を生む深層筋トレーニング

藤原将志

BAB JAPAN

目次

第2章 伸びて強くなる身体……51

第3章 呼吸について……93

第4章 弩級のパンチを打つための運動力学……117

第5章

最強の体幹を養成する伸びの鍛錬

序章

誰も知らない本当のインナーマッスル

1 超人を目指して

私は止まっていても動いていても、右手、左手、頭、足、肘など、好きな部位から自在に威力を発揮できます。軽く打っても威力が出せます。そうなるように鍛錬しました。

ジャブとストレートの違いがあまり感じられないほど、一貫した威力を持っています。

パンチ以外の一瞬の接触でも相手に対してパワーを発揮します。

実際に受けた人々の印象によると、打撃に耐えることに慣れ親しんだフルコンタクト空手の修行者たちでさえ、私のパンチは非常に異質だと評しています。

重い衝撃が体内で爆発するかのように感じられ、首や背中にまでその衝撃が伝わるため、見た目の動作と実際に受けるダメージとの間に大きなギャップが生まれるのが特徴です。たとえ軽く胸に当てただけでも、骨にまでその衝撃が響いてしまいます。

来ると分かっていても効かされるパンチ。

あまりにも恐ろしい武器を持つ相手と対峙すれば、うかつに近づけなくなるものです。強烈な武器の存在は、それ自体が大きな抑止力として働きます。そんな武器を手に入れたくはないでしょうか？

この威力を手にすることは、圧倒的な支配力を発揮する武器を得ることに他なりません。

私の身体操作は、「突きの威力」で注目を集めました。私の武道探求の原動力は、ただひとつ「強い突きを手に入れること」でした。

多くの方々――武道や格闘技のトップクラスの実力者ですら――50代の私の突きの威力に驚きます。しかし、私の肉体が特別に鍛え抜かれているわけではありません。違いは、体のパーツを効率的に活用し、無駄なく機能させることにあります。

多くの人は、体を十分に活用せずに動かしています。しかし、私は長年の研究を通じて、それらを最大限に活用する方法を確立しました。そして、このメソッドを誰でも実践できる形にするため、「秀徹」を立ち上げました。

これは、一般的な身体トレーニングではなかなか実現できなかったものです。では、他のトレーニングと何が違うのでしょうか？

秀徹メソッドは、単なるインナーマッスルや体幹の強化法と見られがちですが、その目的は単にインナーマッスルを鍛えることではありません。表面的にはそう見えるかもしれませんが、本質はインナーマッスルの動きを引き出し、全身の連動性を高める神経制御（姿勢の作り方につながる）にあります。

もちろん、人体の構造的特性を最大限に活かすことは重要ですが、人間の体は象や熊のような圧倒的な剛体構造を持っているわけではありません。そこで、私の理論の根底には、生物学的な制約を補うことで「強大な力」を引き出すという考えがあります。

本書では、突きの威力を生み出す身体操作の原理と、その核となる身体の活用方法について解説します。これまでＳＮＳ等でさまざまな身体操作に関する意見や解説を行ってきましたが、体幹強化法については比較的多くの情報を提供できる一方で、姿勢や神経制御に関しては、対人稽古で直接指導しなければ伝えられない部分が多いのは事実です。本書を通して、少しでもその一端をお伝えできれば幸いです。

例えば「インナーマッスル」という言葉を聞くと、今さら感があるかもしれません。しかし、多くの人がその実態を誤解しています。

インナーマッスルは意識的にコントロールしにくい筋肉です。意識的な収縮よりも、無意識下の神経系の制御によって働くことが多いため、その活動を実感しにくいのが通常です。

姿勢制御に関わるインナーマッスルは、意識的に収縮を感じながら働くのではなく、無意識に神経系の制御を受け、自動的に機能するのが主な役割です。

皆さんは、日常的に無意識下で神経系の制御を受けながら、インナーマッスルが働き続けていることを、本当に実感したことがあるでしょうか？　実は、ほとんどの人が感じている「筋肉の感覚」は、インナーマッスルではなくアウターマッスルのものなのです。

一般的な体幹トレーニングで鍛えられるのは、結局のところ体幹部のアウターマッスルであることがほとんどです。しかし、インナーマッスルは無意識に働くため、自分で使いこなせていないことに気づきにくいのです。そこで私は、「姿勢」と「呼吸」に重点を置き、この制御を可能にする方法を研究してきました。

武道には隠された技術があるものですが、それは神秘的なものではなく、理論的に説明できるものです。秀徹の身体操作も、外見上は大きな違いが見えませんが、確かな理論に基づいています。本書では、それらの技術を誰でも実践できる形で解説します。

単にパンチングマシンの数値を最大化するのではなく、人体に作用する技として有効な「超人的な威力」を追求しました。大柄な格闘家が強いのは当然ですが、体格を超えた威力を発揮すれば、誰もが驚くのです。

私は、常識的な想定を超える力を手に入れるため、従来の枠にとらわれない突きを研究しました。

・重心移動に頼らない

・距離を必要としない
・軽い手打ちでも威力がある
・連打でも威力が持続する

こうして確立した秀徹のメソッドは、身体の運用方法を根本から変革するものです。特定のフォームに依存せず、左右差なく、どんな状況でも最大の威力を発揮できる身体をつくり上げます。これは理論先行のものではありません。私自身の身体を通じ、特有の身体感覚の変化と威力の向上を経験しながら、少しずつ言語化してきたものです。この身体操作は、特定の流派に類似したものではなく、極めて独自性の高いものだと自負しています。その結果、生まれたのが本書で紹介する身体操作です。

このメソッドに「コツ」はありません。しかし正しく努力すれば、年齢やキャリアに関係なく、これまで体験したことのない圧倒的な力が身体の中心から溢れ出るようになります。

私自身、この方法を実践し、それまでとは明らかに異なる深層の身体感覚を得ました。そして、わずか数年で、まるで別のエンジンを搭載したかのような力を手にしました。

秀徹の稽古会やオンラインクラスでは、多くのシニア会員が「日常生活に大きな変化を感じている」との声を寄せています。

我々の身体には、まだ眠っている力があります。本書では、この「超人的な威力」の原理を解き明かし、誰でも実践できる方法を詳しく解説していきます。

さあ、一緒に「超人」を目指しましょう!

2 強いパンチのシステム

強烈なパンチはどのように生まれるのでしょうか。強いパンチを生むための要素をまとめると、以下のようになります。

これは極めて重要なポイントです。この3つが連携して機能しない限り、最大限のパンチ力は決して実現しません。

① 力を効率よく伝える体幹の安定性(姿勢制御・地面反力)

② 適切に動かす神経系の反応(運動連鎖・反射・適応)

③ 発揮する力の大きさ(筋力・スピード)

この流れを、もう少し詳しく説明します。

パンチを打つとき、腹横筋や多裂筋といったインナーマッスルが、過去の経験をもとに「これから体を動かす」「相手に当たったときの衝撃が返ってくる」といった状況を予測し、体幹を安定させます。これは「予測的姿勢制御（フィードフォワード制御）」と呼ばれ、実はアウターマッスルが動き始めるよりも先に働くのが特徴です。この先行的な筋収縮は意識的に感じることはありません。パンチには腕の振りや体重移動が大きく関わりますが、その前にインナーマッスルが〝土台〟を固めているからこそ、スムーズに力を発揮できる準備が整うのです。

そして、実際に相手に当たった瞬間、衝撃は逆方向にパンチを放った腕だけでなく体幹部にも返ってきます。これはニュートンの作用・反作用の法則によるもので、ジャンプで着地したときに足先から股関節、体幹へと衝撃が伝わるのと同じ現象です。

このとき、筋肉の伸び具合を感知する「筋紡錘《きんぼうすい》」というセンサーが素早く反応し、筋肉が急に伸ばされたときに反射的に収縮する「伸張反射」が起こります。この衝撃で蓄えたエネルギーを収縮の力に変え、より大きなパワーを生み出すことができます。しかも、この反応は脊髄レベルで処理されるため、私たちの意識よりもはるかに速く起こるのです。

ただし、動きの中で衝撃の強さやタイミングは予測通りにはいかないことがほとんどです。そこで、筋肉の張力をリアルタイムに調整する神経回路（γ《ガンマ》ループ）が働きます。筋紡錘が感知する筋肉の張力を調整しながら、反射的に筋収縮を促すことで、無意識のうちに姿勢や動きを安定させます。特に体幹の深層筋のように、身体のバランスを支える筋肉にとって、この即時的な調整は不可欠です。

このように、インナーマッスルが予測的に働き、さらに衝撃に対しても十分に対応できる状態が整うと、いよいよアウターマッスルによる大きなパワーが存分に活きてきます。パンチの衝撃を受け止めても身体の軸が崩れず、結果として鍛え上げたアウターマッスルを使って強い力を相手に伝えられるようになるのです。

図解すると、以下の通りです。

①インナーマッスルが事前に働き、体幹を安定させる（予測的制御）
↓姿勢がブレず、エネルギーが伝わる「通り道」が整う
②アウターマッスルが大きな動きで力を発揮
↓腕の振り・体重移動などでパンチを繰り出す
③相手にヒットし、反作用の衝撃が返ってくる
↓相手が後ろに逃げなければ、衝撃は打ち手に跳ね返る
④筋紡錘と神経の仕組み（γループ）が瞬時に反応
↓衝撃による筋肉の伸びに適応し、力を逃さず伝える

多くの場合、「パンチ力を強くするトレーニング」として注目されるのは②のアウターマッスルの部分です。しかし、①・④を重視しなければ最大の威力を出すことはできません。

ウェイトトレーニングがパンチ力に直結しないのは、これらの要素が統合されず、筋力だけが孤立している場合が多いからです。

パンチ力は、「衝突時の反作用を乗り越え、相手に伝わる力によって」決まるのです。

パンチの瞬間的な強さは、以下の要素によって支えられています。

・インナーマッスルによる体幹安定の準備（事前準備）
・衝突時の反射的応答（即時対応）
・反射に対応する筋反応と筋連鎖（臨機応変な事後反応）
・意識の最適化：上記をスムーズに行う為の意識の向け方

これらすべてが揃うことで、「鍛えられた筋肉」が「使える筋肉」として機能し、最大限のパワーを発揮します。

秀徹では、鍛えたアウターマッスルの力を「最大限に引き出すための要素」に注力したメソッドを確立しています。

この仕組みはパンチだけでなく、多くのスポーツ動作にも共通する原理です。その効果の大きさを、ぜひ皆さんに実感していただきたいと思います。

3 鍛錬について

まず最も大切な「鍛錬」についての考えを述べておきます。

体幹トレーニングに関する書籍を書店で探しても、呼吸の重要性を強調する記述は多く見られますが、呼吸を用いた効率的な筋力発揮メソッドはほとんど見当たりません。既存のメソッドとは異なる、独自の方法が求められます。

秀徹において最も重要なのは継続的な鍛錬です。鍛錬方法は、目指す身体操作や、それに至る思考・方法論の集大成といえるでしょう。多くの武道家も「徹底的な鍛錬」を説いており、その重要性がよく分かります。しかし、伝説とされる武道家たちが熱心に取り組んでいたであろう具体的な鍛錬内容は不明なことが多いのです。道場での稽古だけでなく、日常生活でも鍛錬を積んでいたと考えられますが、その内容は謎に包まれています。

私も長年武道に励んできましたが、トレーニング方法について悩み続けてきました。多くの武道愛好家も常に試行錯誤を重ね、その時々の好みに基づいてトレーニング方法を変えつつ、なかなか確信的な答えは見つかっていないのではないでしょうか。

例えば、空手の突きを強化するための最適なトレーニングを尋ねても、回答は指導者によって様々です。下半身強化を挙げる者もいれば、肩甲骨の動きの重要性を説く者もいます。

そもそもトレーニング方法とは、目指す身体の使い方、すなわち身体操作の思想に基づいています。実は、身体操作が熟達すれば、トレーニング方法は教えを受けるのではなく、自ら見出し、創造するようになるのです。そしてまた、身体操作が熟達すれば、他者にトレーニング方法を公開してしまうことは、自身の身体操作を伝えることに他なりません。そのため、古の達人たちはトレーニング方法を明かさない傾向があったのでしょう。空手の型も同様で、見た目は同じ動きでも、指導を受けなければその思想は理解できません。身体操作は体内で行われるため、外見だけでは伝わらないのです。

したがって、トレーニング方法は容易に伝えられるものではなく、私自身もそう考えています。秀徹ではインターネット上で様々なトレーニング方法を公開していますが、これは不特定多数の視聴者にも問題ないと判断した内容です。しかし、直接指導を行う稽古会では、より高度なトレーニングを取り入れています。生徒には、最も重要なトレーニング方法こそをきちんと教えるべきだと考えます。

このようにトレーニング方法の公開には段階が必要なのは、それこそが秘伝ともいえるものだからです。

そして、秀徹のトレーニング方法は独特です。専門書には見られないものがほとんどです。これは、奇抜なトレーニングを目指しているのではなく、秀徹独自の身体操作に適したトレーニングを組み立てた結果なのです。一般的なトレーニング方法では不十分であるため、私は独自のトレーニング方法を考案しています。

私は以前、大腰筋を痛めたことがあります。限界を超えて刺激を求めた結果、オーバーワークに陥ったのです。怪我は貴重な学びとなりました。安全な範囲での稽古では気づけないこともあるため、徹底的に実践して理解するという方法で試行錯誤してきました。秀徹の身体操作においては、私自身の身体が実験台となっています。

書店に並ぶ体幹トレーニングに関する書籍には、私のトレーニング方法に類似したものはあまり見かけません。秀徹の身体操作をマスターするためには、他のメソッドとの共通点を独自の解釈で探すのではなく、まずは解説している動作を正確に実践することが必要不可欠です。

第1章

威力が出ない理由

1 中心が緩んだ体幹／威力が出ない身体構造

近年のトレーニングブームの影響で、多くの人が熱心に体を鍛えています。書店には数えきれないほどのトレーニング本が並び、筋力トレーニングが一般化しています。私はそれらを否定するつもりはなく、筋肉は動きの基盤として重要な要素だと考えています。

しかし、武道の身体操作において「これは筋力ではない」と言われることがあります。正確には、「私たちが意識できない筋肉が活用されている」という表現が適切でしょう。この点については、後ほど詳しく解説していきます。

私は多くの武道家やアスリートを指導してきました。彼らは鍛え抜かれた体を持ち、筋力トレーニングも徹底しています。しかし、腕相撲や組み合いをしても、私がパワーで劣ることはほとんどありませんでした。逆に、一見非力な人が驚くほど強い力を発揮することもあります。

この「見た目と実際の力のギャップ」は、格闘技でもよく見られます。筋肉隆々の選手が必ずしも強いパンチを打てるわけではなく、細身の選手が驚異的な威力を持つこともあります。昔の武道の達人の映像を見ても、小柄な体から驚くべき力を発揮するケースが多いのです。

これを「不思議な力」と片付けるのではなく、理論的に解明することが重要です。なぜ見た目の筋力がそのまま打撃力につながらないのか。それは「力を発揮する際に、本当に必要な筋肉が活用されているかどうか」の問題なのです。

多くの人は、強い力を出すために主動筋を鍛えます。手、足、体幹、それぞれのパーツを強化し、フォームを工夫することで威力を高めようとします。しかし、実際には筋肉と骨格だけでは大きな力を生み出すのに限界があります。

普通の鍛錬では、普通の力しか得られません。私は「なぜ力が出ないのか？」を徹底的に研究し、従来の発想とは逆のアプローチを試みました。

例えば、「強い力が出る姿勢を作る」のではなく、「力が出しにくい姿勢のままで、どうすれば強い力を発揮できるか」を研究したのです。これにより、従来のトレーニングでは気づけなかった「力の出し方」が見えてきました。

私の研究の中で特に重要だと分かったのは、体幹の深層部が十分に機能していないことでした。多くの人は、体幹トレーニングで鍛えたアウターマッスルを固めることで安定させようとします。しかし、本当に重要なのは、さらに奥にある深層筋（インナーマッスル）です。

私はこれを「半熟卵のような体幹」と表現しています。外側の筋肉が固くても、内側が不安定では支えになりません。これでは、いくら筋肉を鍛えても、力を発揮する際に効率よく活用できません。

しかも、この深層筋は通常の動作では意識しづらく、鍛えるのが非常に難しいのです。日常生活では必要最低限しか使われず、自然と鍛えられることはありません。だからこそ、武道における特殊な身体操作が必要になるのです。

秀徹では、一般的なトレーニングとは異なり、あえて力を出しにくい状況を作り、その中で力を発揮する鍛錬を行います。これは通常の筋力トレーニングとは異なり、「眠っている体の深部を目覚めさせる」ためのものです。

この方法を通じて、体幹の奥にある深層筋の神経活動を引き出しながら鍛えられ、結果として通常のトレーニングでは得られない力強さが身につきます。秀徹の身体操作は、単なるテクニックではなく、体そのものの使い方を根本から変える鍛錬法なのです。

本書では、この「隠れた力を引き出す方法」について詳しく解説していきます。

2 本当に効く「突き」とは？

私は突きの威力を追求する中で、空手の型の動作を徹底的に研究しました。特に注目したのは「三戦」の型です。この型の突きは非常に不思議なところがあります。足を前後に大きく踏み開くことがなく、左右の足の開きも肩幅程度で、前後のずれはほんの1歩くらいという程度の姿勢

なのです。

この姿勢では一般的に言われる「強い突きの条件」を満たしにくく、重心移動や遠心力を活かすのが難しくなります。

多くの空手家はこの制約を補うために、重心移動や遠心的な動作を取り入れようとしがちですが、私は逆の発想をしました。「この姿勢のままで威力を出す方法があるのではないか?」と考えたのです。重心を大きく動かさず、遠心力を使わずに威力を引き出す方法を模索した結果、全く別の原理による力の出し方、新たな身体操作の可能性に気づきました。

一般的なトレーニングでは、できるだけ自然に強い力を出す方法を探します。しかし、秀徹では逆に「制限された状態でいかに威力を出すか」を研究していきます。動きが制約された中で威力を出す工夫により、新しい身体操作が身につき、新たな力の発揮方法が生まれます。

この発想こそが、秀徹の突きの威力を高めるカリキュラムの根幹です。「この姿勢では威力が出しにくい」とされる状態にこそ、新たな力を生み出すヒントが隠されているのです。

秀徹（当初は「秀徹空手道」）を立ち上げた際のモットーは、「最強の突きを追求する」ことでした。単に技の威力を求めるのではなく、「効くパンチ」を徹底的に研究しました。

相手に効く打撃には、タイミングや相手の反応も影響しますが、本書ではそれらを考慮せず、純粋に「自分の突きの威力を最大化する方法」に焦点を当てます。

ところで皆さん、自分が放つパンチの威力が実際にどの程度のものか、どのように知っていますか？

格闘技経験者なら、一発で相手を効かせるほどの破壊力のあるパンチがいかに希少かを知っているでしょう。派手な音を鳴らし、衝撃が大きいパンチでも、それが実際に相手にダメージを与えるとは限りません。サンドバッグの音が大きくても、それが破壊力と直結するわけではないのです。

また、多くのパンチは、打ち込んだ力の一部が自分自身に跳ね返っています。この現象はほとんどの選手に見られますが、本人が気づけないことがほとんどです。動画を撮影して観察してもなかなか気づけないような微細な現象ですが、これは威力の伝達において致命的なロスとなります。

では、なぜこのようなロスが生じるのか？　それは私たちの身体構造の特性に起因しているのです。本書では、この問題を解決し、真に「効く突き」を生み出す方法を詳しく解説していきます。

3 前後左右からの力に対する体の構造

人間の体は、前後左右への力に対して強い力を発揮しにくい構造になっています。この事実に気づいたことが、「秀徹」の身体操作を深める大きなきっかけとなりました。

日常生活やスポーツでは、押したり引いたりする際に力を出せているように感じますが、それはあくまで常識的なレベルの話です。私たちは「押す力が強い」「引く力が強い」と相対的に比較することはあっても、体が本来、前後左右の力に弱いことには気づきにくいのです。

私は、空手の突きや武道の技で、達人が常識を超えた力を発揮するのを見て、筋力だけでは説明できない要素があると考えました。例えば、相手が物体であれば、衝撃の大きさでダメージが決まります。しかし、人間の場合は、相手の予測や生理反射、さらには心理的要因によって技の効果が変わります。

二本足で立つことは、重力に抗う動作であり、そもそも不安定な状態です。棒を地面に立てると少しの傾きで倒れるように、人間もバランスを取り続けなければなりません。人間は、立って人間は普通に二本足で立った状態では、前後左右からの力に弱い。

バランスを保ち続けるために、非常に研ぎ澄まされた感覚と能力を持っています。さらに、重力に抗うための筋肉も発達しています。例えば、私たちは頭の上に重いものを乗せても、それを支えることができます。高齢の女性が、頭に大きなカゴや重い荷物を乗せて歩いている写真を見たことがある方も多いでしょう。

　このように、頭上からの圧力には耐えられますが、前後左右からの力には弱いのです。

　例えば、前から押されたとき、二本足で立ったまま耐えるのは難しく、無意識に足を前後に開いて腰を落とすことで力を発揮しようとします。これは横からの力に対しても同じです。つまり、私たちは本能的に「立った状態では前後左右の力に弱い」と理解しています。

　この弱点を克服しなければ、前方への力を最大化する「突き」の威力は向上しません。私は、この根本的な問題を解決するために研究を重ねました。

簡単な検証：体幹の弱点を体感する。

①拳を押されるときの違い

両手を後ろに組み、足を前後に大きく開いた状態で、片方の拳を前に突き出します。この状態で、相手に拳を押してもらうと、肩や肘に負担を感じながらもある程度耐えられます。

②胸を押されたときの違い

同じ姿勢で、今度は胸の中央を押してもらいます。多くの人が簡単にのけぞってしまい、拳を押されたときよりもはるかに耐えにくいことがわかります。先ほど拳を押された時にはある程度耐えられたのに、胸を押されると、その半分以下の力でも耐えられないのです。これは非常に不思議なことではありませんか？

拳を押された時に肩や肘が痛んだのは、弱い体幹部に力を流さないように、肩や肘で力を食い止めていたからです。直接体幹部を押されると、それができなくなり、全く力が入らなくなるのです。体幹は前方からの力に対して極端に弱く、十分な力を発揮できません。

簡単な検証：**体幹の弱点を体感する**

①拳を押される

足を前後に開いて拳を前に突き出した体勢を作る。その拳を掌で押してもらう。

肩や肘に負担を感じながらも、ある程度耐えることができる。

②胸を押される

同じ姿勢で胸の中央を押してもらう。

簡単にのけぞってしまい、拳を押されたときに比べてはるかに耐えにくくなっている。

③腰を支えられる

もう一人の人に後ろから腰（仙骨あたり）を支えてもらい、再度①のように拳を押してもらう。

耐える力が強くなり、肘や肩への負担が激減しているのを感じる。

③腰を支えたときの違い

再び拳を突き出し、相手に押してもらいます。今度は、もう一人の人に腰（仙骨あたり）を軽く支えてもらいます。

すると、驚くほど強い力にも耐えられるようになり、不思議なことに肩や肘の負担も激減します。これは、体幹の安定が確保されたことで、末端の筋肉が本来の力を発揮できるようになったためです。このときの体幹の安定は、自分の身体操作によるものではなく、あくまで擬似的に作り出した安定です。

この実験から分かるように、強いパンチを打つには、肩や腕の筋力を鍛えるのではなく、体幹の弱点を克服することが最も重要です。ほんの僅かなサポートがあるだけで、力の伝達効率が大幅に向上し、まるで別次元の威力を生み出せるようになります。

武道の達人たちは、こうした身体操作を無意識に活用していたのでしょう。秀徹では、これを理論的に言語化し、誰でも習得できる形で体系化しています。

この知識を理解し、体幹の使い方を改善することで、従来の発想では得られなかった「突きの威力の本質」にたどり着くことができるのです。

4 インナーマッスル活用のチェック方法

それでは、実際に体を動かしながら、インナーマッスルが姿勢の安定に活用できているかを簡単にチェックしてみましょう。このチェック方法は非常に簡単ですが、やってみるとほとんどの方にとっては、難しいと感じられるのではないでしょうか。

先ほどの胸押しと同様、筋力を使ってそれが何とかなるという思いさえ浮かばないのではないでしょうか。

これらのチェックが簡単にできた方は、比較的インナーマッスルがうまく活用できていると言えるでしょう。それでは順に紹介していきます。

① 立った姿勢でのチェック

次に立った姿勢で行います。肩幅よりやや狭いスタンスで直立し、パートナーに前後からゆっくり体を押してもらいます。

・前方からは、胸を軽く指先で後方へ押してもらいます。
・後方からは、仙骨のあたりを前方に向かって押してもらいます。

立った姿勢でのチェック

前方からは胸を軽く指先で、後方からは仙骨のあたりを前方に向かった押してもらう。
インナーマッスルが働いていないと簡単にぐらついてしまう。

多くの方は、簡単にぐらついてしまうと思いますが、インナーマッスルがしっかり働いている場合、押されても姿勢を安定させることができます。ポイントは、押された力に対して体を傾けて抵抗するのではなく、まっすぐ立ったまま力に反応できるかどうかです。

② 壁を使ったチェック

壁を使って姿勢をチェックします。

・前向き：壁につま先をつけて直立し、そのまま膝を少し曲げて両膝を壁に押し付けます。ほとんどの方は、この動作で後ろに倒れそうになり、まっすぐ立ち続けられないか、膝で壁を押す力が入らないと感じるでしょう。しかし、インナーマッスルがしっかり働いている人は、かかとを地面に押しつける力が発揮され、

壁を使ったチェック

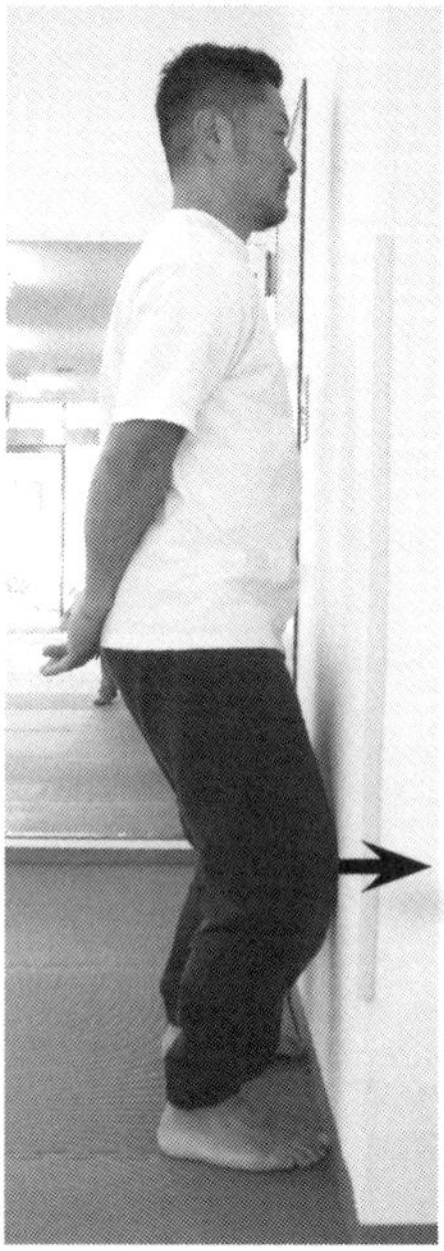

壁につま先をつけて直立し、そのまま膝を曲げて両膝を壁に押し付ける。インナーマッスルが働いていないと、後ろに倒れそうになったり、膝で壁を押す力が入れられない。

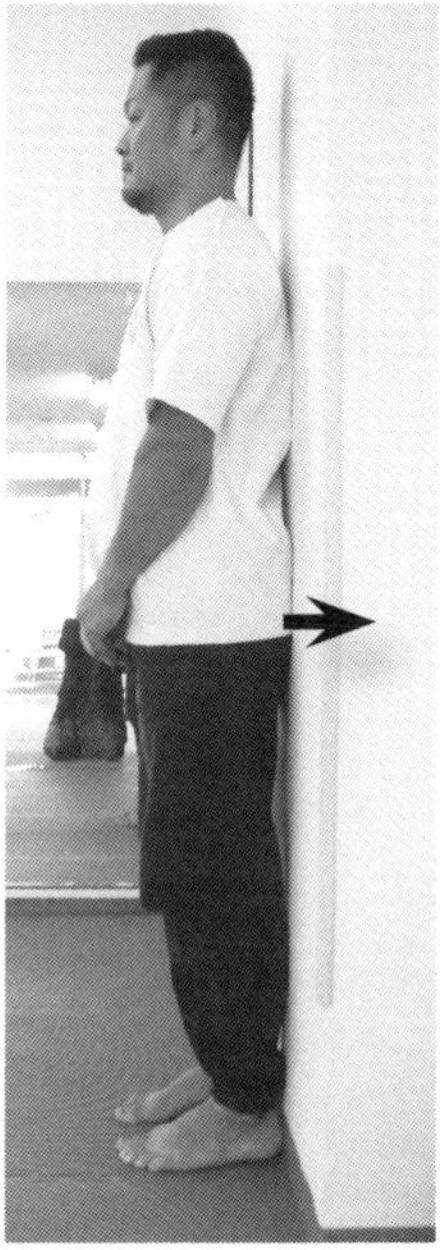

壁にかかととお尻をつけて立つ。両膝を伸ばしたままお尻を壁に押し付けていく。インナーマッスルが働いていないと前に倒れそうになったり、お尻で壁を押す力が入れられない。

膝で壁をしっかり押せるようになります。

　つま先を壁から離してしまうと楽に力が出せてしまい検証の意味が無くなってしまいます。不都合なこの姿勢で力が出るかの検証です。

・後向き：壁にかかととお尻をつけて立ちます。両膝を伸ばしたまま、お尻を壁に押し付けていきます。多くの方は、前に倒れそうになったり、お尻で壁を押す力が入らないと感じるはずです。インナーマッスルが使えている場合、つま先を地面に押しつける力が発揮さ

あぐら姿勢でのチェック

あぐらをかいて、少し頭を前方に傾け、軽くお辞儀をしたような姿勢をとって、頭を前方から押してもらう。
インナーマッスルが働いていないと、簡単に後ろに倒れてしまう。

れ、お尻で壁をしっかり押せるようになります。
踵を壁から離してしまうと楽に力が出せてしまい検証の意味が無くなってしまいます。不都合なこの姿勢で力が出るかの検証です。

③ あぐら姿勢でのチェック

最後に、あぐらをかいて座った状態で行います。少し頭を前方に傾け、軽くお辞儀をしたような姿勢をとります。この状態で、パートナーに頭を前方から押してもらいます。
ほとんどの方は簡単に後ろに倒れてしまいますが、インナーマッスルが働いている場合、ぐらつくことなく安定して座り続けることができます。

これらの検証を通じて、多くの方はインナーマッスルをうまく使えていないことに気づくでしょう。また、これまで「体幹の力を出す」と考えていた感覚とは異なる、不思議な体の使い方が必要だと感じられるかもしれません。これらの違いを体験しながら、一般的な身体操作の常識を超えた新しい方法を理解していただければと思います。

5 インナーマッスルの本当の理解

それでは、インナーマッスルについて基本的なことを理解しておきましょう。秀徹の威力の源は、すなわちインナーマッスルの活用にあります。インナーマッスルが重要であるとするトレーニング理論は多く存在しますが、その正しい認識が不足していると感じられます。

インナーマッスルは、体の内深部に位置する筋肉であり、表面に近い筋肉（アウターマッスル）とは明確な違いがあります。この違いを正しく理解することが、インナーマッスルの活用の難しさを実感する鍵となります。誰もが持つ筋肉であり、適切に活用すれば誰でもその威力を向上させることができますが、一般的にはインナーマッスルはコントロールしにくい性質を持っています。実際、普段感じている感覚は、ほとんどインナーマッスルに対するものではありません。

ここでは、インナーマッスルとアウターマッスルの違いについて解説します。

アウターマッスルは体表面近くに位置し、目に見える大きな筋肉群で、力強い動作や高負荷の運動に関与します。意図的に動かしやすい筋肉であり、その主な役割は大きな動作や強い収縮にあります。

一方、インナーマッスルは体の深部、関節や骨の周辺に位置する小さな筋肉が中心で、繊細な動きや安定性の維持に特化しています。爆発的な力を発揮するのではなく、長時間働き続ける持久力が特徴であり、常に姿勢の維持に寄与しています。これらの機能は無意識下で行われるため、脳が「意識的に捉える必要がない」と判断することが多いのです。

また、アウターマッスルのように爆発的な強い力を発揮する際には、強い収縮感が伴いますが、インナーマッスルは小さく継続的に働くため、収縮感を感じにくく、筋肉痛も自覚しにくいのが実情です。意図的に筋収縮を感じ取ることは難しいため、「この感覚はインナーマッスルを使えているのか？」といった質問がよく寄せられますが、よほど的確かつ十分な負荷をかけたトレーニングでなければ、筋肉痛を伴うほどの筋繊維損傷はほとんど起こりません。

体幹トレーニングはインナーマッスルを鍛える効果があるとされていますが、特別な感覚訓練を行わない限り、一般に実感されるのはむしろアウターマッスルの効果であることが多いです。このため、トレーニングがアウターマッスル中心になりがちで、インナーマッスルとアウターマッスルの連携が不十分な場合、アウターマッスルの力を十分に引き出せなくなります。こうした状態は「見せかけの筋肉」と呼ばれることもあります。

インナーマッスルは主に姿勢の安定を提供するものですが、武道やスポーツのパフォーマンスにおいては、日常の動き以上の爆発的な力が求められるため、自然なインナーマッスルの働きだけでは不十分な場合もあります。強力なサポートを得るためには、さらなるトレーニングが必要です。

筋繊維には「速筋繊維（白筋）」と「遅筋繊維（赤筋）」の2種類があり、速筋繊維は迅速に収縮して大きな力を生み出すのが特徴です。一方、遅筋繊維は速筋繊維ほど迅速に収縮せず、発揮できる力もそれほど大きくありません。インナーマッスルには遅筋繊維の割合が高いとされていますが、これはインナーマッスルが素早い姿勢制御に役立たないという誤解を招くことがあります。しかし、筋肉の「収縮スピード」と「反応スピード」は異なるものであり、体幹のインナーマッスルは主に姿勢の安定と制御に関与しています。

特に、深層にある筋肉は、体がバランスを崩した際に無意識のうちに瞬時に働き、神経の働きによって「速いタイミングで収縮」を開始します。これは、大脳の思考や判断よりも前に行われ、体の安定を最優先させるためのものです。まず体幹を安定させることで、力を発揮する前に倒れたり崩れたりしない状態を作り出しているのです。

この仕組みを理解することが、全体的なパフォーマンス向上の鍵となります。体幹の深層筋、たとえば腹横筋や多裂筋は最初に収縮すると言われています。私の観察では、腸腰筋（大腰筋など）も、体への刺激に非常に迅速に反応する筋肉であり、これらがしっかり働くことで、脊椎や骨盤が安定し、瞬間的な力発揮が可能となります。

さらに、インナーマッスルにはフィードフォワード制御（事前活動）という重要な機能があります。「近位安定・遠位運動」という基本原則に基づき、体幹（近位）を先に安定させることで、手足（遠位）がスムーズに動くよう、無意識のうちに指令が発せられます。たとえば、手を前に伸ばしたり足を動かしたりする際、先立ってインナーマッスルが働き、体幹や関節を適切に安定させることで、動作中の重心変化や外力に即座に対応できる状態を作り出します。この安定が、思いのほか大きなパフォーマンス差を生み出すのです。

6 インナーマッスルはどう鍛えればいいのか？

インナーマッスルはどう鍛えればよいのでしょうか？これは、インナーマッスルの働きや筋収縮を実際に感じ取りながらトレーニングしなければ、単なる理論上の理解だけでは十分に鍛えることが難しいと考えられます。

また、インナーマッスルの強化を謳うメソッドは数多く存在しますが、実際にはアウターマッスルのトレーニングに偏っており、インナーマッスルの機能を効果的に引き出すものはほとんどありません。

まず、「インナーマッスルの筋繊維を鍛えれば強いパンチが打てる」という考えは誤解です。インナーマッスルの活用は、単に鍛えるだけでなく、実際に使いこなすことの方がむしろ重要です。

インナーマッスルが適切なタイミングで働き、正しい姿勢のもとで機能することの両方が揃って初めて、力が効率よく伝達されます。つまり、「力を生み出す筋力」、「その力を適切に伝える神経制御」、そして「土台となる体幹の安定」が連動して、初めて威力が最大化されるのです。

神経制御の鍵となるのは「姿勢」です。

人間の筋肉には筋紡錘というセンサーが存在し、適切な長さで収縮することで最も効率的に働くようになっています。つまり、正しい姿勢を維持することで神経系の働きが最適化され、インナーマッスルの機能も十分に引き出されるのです。正しい姿勢については、別途解説いたします。

私が提供する「秀徹」のトレーニングは、一般的なトレーニングとは大きく異なります。インナーマッスルの筋繊維を単に鍛えるのではなく、適切な刺激を与え、動作中に効果的に引き出せるかどうかを判断基準に組み立てています。注意点を守り、丁寧に実践しなければ、効果を出すことは難しいでしょう。

インナーマッスルが通常の姿勢維持に必要なレベルをはるかに超える「感度と強度」を発揮することで、アウターマッスルの力のロスが減少し、両者の連携が強化され、全体としての威力が大幅に向上します。

姿勢制御に関わるインナーマッスルは、意識的に収縮を感じながら働くのではなく、無意識のうちに神経系の制御を受け、自動運転のように機能するのが主な特徴です。また、体の奥深くに位置するため、表面から収縮を確認しにくく、実際には十分に活用できていないにもかかわらず、あたかも十分に働いていると錯覚してしまう落とし穴も存在します。

さらに、仮にインナーマッスルをうまく活用できた場合でも、本人には筋肉の収縮を感じにくいため、「筋肉の力ではない」と錯覚してしまう現象が生じるのです。高度な身体操作を行う際、姿勢が整い技がスムーズに発動すると、力を意識することなく、不思議な力が発揮されるように感じることがあります。これは、私が『秀徹』を立ち上げた当初、インナーマッスルの活動メカニズムを十分に解明できていなかった頃の経験に基づいています。

インナーマッスルの活用によってアウターマッスルとの連携が最適化され、結果として発揮される力は、筋肉自体からではなく体内から湧き出るような感覚をもたらします。全身の連携が整うと、局所的に力を集中させる感覚は薄れ、手足の筋肉を使った力の感覚が弱まる一方で、体幹深層部からは確かな力の実感が得られるようになります。

生徒に身体操作を説明する際、自己の体感のみで表現してしまい「筋肉を使った力ではない」と言いがちですが、インナーマッスルの運用を理論的に整理できるようになってからは、この点に十分注意するようになりました。自分の体感だけで説明する限り、完全な理論に基づく説明は困難です。特にインナーマッスルに関しては、スポーツ運動や身体操作に関する専門研究でも、その動作は理論的側面のみで解明されているため、実際の動作の再現と理論的裏付けの両方が求められます。さもなければ、誤解が生じやすくなるでしょう。

インナーマッスルをフル活用することで、体の最大ポテンシャルを引き出すことは可能ですが、私の実感では、インナーマッスルの活用とアウターマッスルとの連携を実感するためには、相当な修練が必要です。

7 全身統一を生む、中心を固定する力

インナーマッスルの重要性を力説すると、あたかもそれらの筋肉だけで力を発揮すればよいかのように捉えられるかもしれませんが、実際は全身を無駄なく使うことが重要です。

しかし、全身の中で十分に活用されていない部分に焦点を当て、これらを目覚めさせることで、初めて全身が効果的に連動するようになるのです。

決して、普段動かしていない特定の未知の筋肉が突然爆発的なパワーを発揮するわけではありません。むしろ、これらの筋肉が目覚めることで、人体全体のシステムが有効に作動し、潜在する爆発的なパワーを引き出すのです。

このような力の出し方が理解できると、まるで力を使っていないかのような不思議な感覚を得ることがあります。「筋肉による力ではない」と表現されることもありますが、紛れもなく筋肉が収縮し、その結果として骨が動くことこそが、力の原動力であるのです。

まず、我々の体、特に骨格を見ると、重力に抗して直立できるよう、非常に強固な力と堅牢な構造を備えていることが分かります。例えば、頭上に重い荷物を乗せた場合でも、身体の構造をうまく活かして立てば、十分な抵抗力を発揮することができます。

しかし、人体が縦に骨が並んでいる構造であるため、前後左右からの力に対しては非常に脆弱です。たとえしっかりと足を踏みしめ、体を固めた強い姿勢で立っていても、胸を前から、腰を後ろから、肩を真横から押されたり、前後左右に揺さぶられたりすれば、人体は容易に崩れてしまいます。たとえば、電車に乗った際に揺れに耐えるのが難しいのも、こうした理由によるのです。

では、体幹がしっかりしていれば強固な構造が得られるという考えから、腹圧をかけてお腹や腹筋・背筋を固め、強い体幹状態を作ったとしても、前後左右からの力に対する抵抗力は大きく向上しないのが現実です。実際、熱心にウェイトトレーニングに励んでいる人と、全く鍛えていない人とでは、各部位の筋力差は圧倒的であるものの、前後左右の安定性には大きな差が見られません。

強いパンチを打つ、組み合いで負けない姿勢を作る、あるいは何かを引っ張る際、必ず対象物との衝突が生じ、その反作用として、自分が出した力と同じだけの力が体に戻ってきます。この反発は、頭上から地面に向かう重力の方向ではなく、体の前後左右に返ってくるため、これをいかに制御できるかが技の威力を左右する最も重要な要素となるのです。

一見簡単な話に思えるかもしれませんが、これを実現するには、体の奥深くにある筋肉を目覚めさせ、効果的に活用する必要があります。普段、私たちが意識的に動かす筋肉ではなく、無意識下で姿勢維持に働くインナーマッスルが、体幹の安定に大きく影響しているのです。インナーマッスルを単なる姿勢維持のためだけでなく、意図的に活性化して活用することで、全身が一体となる統一感が生まれ、上半身、下半身、体幹などすべてのパーツが連動して働く状態が実現されます。

この統一感を生み出すのが「身体中心の固定力」です。

これは単に体を安定させるだけでなく、全身の力を効率的に伝達し、最大限の威力を発揮するための根幹となる力なのです。

体幹は一つの塊のように捉えられがちですが、実際には脊椎を中心とした複雑な構造を持ち、その周囲の筋肉、内臓、腱などが絡み合いながら機能しています。たとえ周囲が固くても、中心部が緩んでいては真の安定は得られません。

人間は、他の動物には見られない、重力に抵抗して立ち上がりバランスを取る独特の動きと柔軟な胴体を持つように設計されています。しかし、特に前後左右からの力に対しては構造的な強さが十分ではなく、この弱点を克服し、あらゆる方向からの力に対応できる体幹を作ることが、強力な力を発揮するための必要条件となります。

では、前後左右からの力に対してどのように力を発揮するのでしょうか。その答えとして、一般的には「体幹トレーニング」が行われています。

多くの体幹トレーニングは、内臓の外側、つまり胴体表面を囲む筋肉群（腹直筋、腹斜筋など）をコルセットのように固めることを目的としており、体幹の安定には一定の効果があるものの、体の芯、特に脊椎周辺の筋肉群を鍛えるには不十分です。

例えば、体幹トレーニングの代表格であるプランクは、主に腹直筋など表面の筋肉に効いてしまうため、背骨付近の筋肉を直接鍛えることにはつながりません。その理由は、先ほども解説し

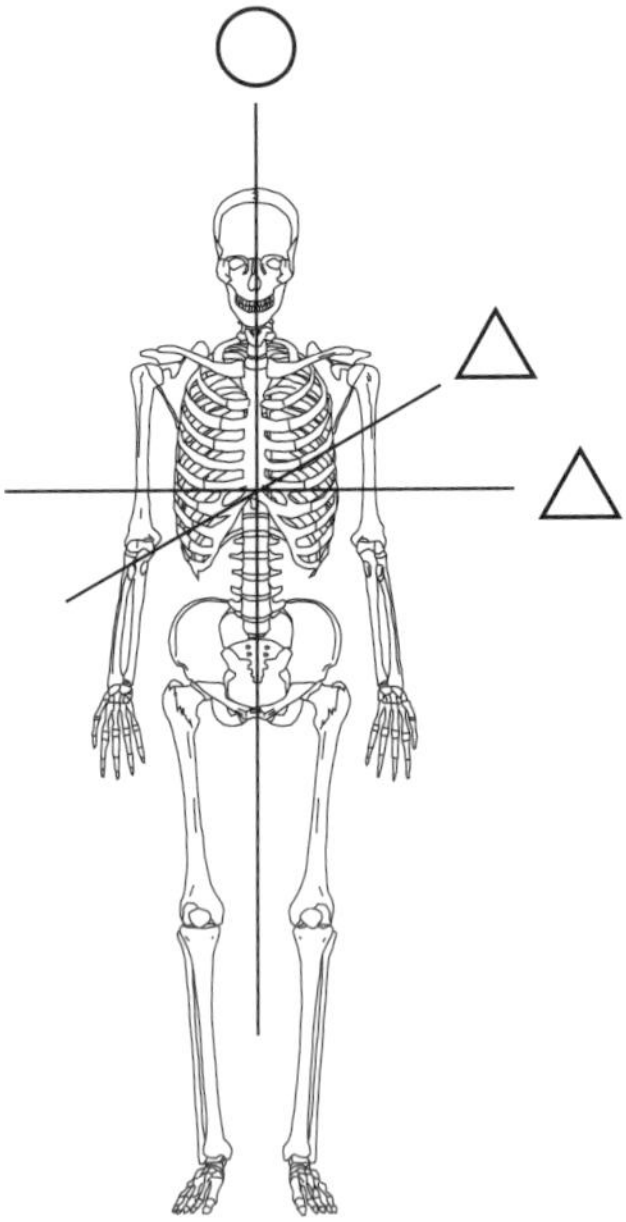

人間は立っているため、上下方向には強いが前後左右からの力に弱いという構造的弱点がある。この弱点を克服するには体幹の強化が不可欠だが、一般的な体幹トレーニングでは、体の芯、特に脊椎付近の筋肉群の強化には繋がらない。

たように、インナーマッスルが無意識下で神経系の制御を受けて働く特性にあるため、アウターマッスルと共に鍛えていては、意図的な活動が基本的にアウターマッスル主導になってしまうからです。

しかし、本当に体幹の安定に必要なのは、人体の中心部、すなわち脊椎周辺の筋肉群です。この中心、つまり「肚と腰」を活用することが、あらゆる威力の源となる固定力を生み出す鍵となります。

古くから「腹の奥、丹田から力を出す」という表現があるのは、まさにこの中心部の力を活用することを意味しています。身体が統一感を得たとき、最も大きな威力を発揮できるのはこのためです。

しかし、日々肉体を鍛えている人ほど、

自分の身体が統一的に働いていないという現実を理解するのは難しいものです。特に、深層にあるインナーマッスルの稼働や収縮は、実際に体感しない限り、どれだけ想像しても感じ取ることができません。

全身が一体となって力を発揮するには体幹が不可欠であるという認識は広く共有されています。武道や格闘技、またはスポーツの経験や呼吸法の研究をしている人は、腹腔内圧を高める手段として「腹筋や背筋を緊張させ、内側から強く張り出すように固める」というイメージを持っています。しかし、この方法では体幹の中心部が緩み、力が分散してしまい、圧倒的な威力は得られません。

では、どのようにすれば真の体幹、特に腰椎の安定が実現されるのでしょうか。

腰椎の安定性は、大きく「筋肉による直接的な安定」と「腹圧による安定」の2要素に分けられます。これらはそれぞれ異なるメカニズムで腰椎を支えながら協調し、腰部の安定性を高めています。

ここでは、まず腹圧の影響を一旦置き、骨格と筋肉による直接的な安定性について考察していきます。

第2章

伸びて強くなる身体

1 「仙骨が入る」とは何か？

私がこの身体操作を得たとき、最初に自分の身体感覚を表現するために用いた言葉が『仙骨が入る』でした。もちろん、これは実際の現象そのものではなく、感覚的な表現に過ぎませんが、私自身の体内では極めてリアルな感覚として存在しています。

では、『仙骨が入る』とはどのような現象なのでしょうか。これは、上半身と下半身が一体となって結合する、非常に強烈な身体操作を意味します。よく誤解されがちですが、腰を反らす動作や背筋群の緊張によって体幹部の安定を作るというものではありません。背骨に直接付着し「直接的に」取り囲む筋肉群がバランスよく収縮する必要があり、その結果、身体全体がより一層強固にまとまります。

この中で重要な役割を果たすのが、「大腰筋」と「多裂筋」と呼ばれる筋肉です。大腰筋は、上半身と下半身を直接つなぐ唯一かつ非常に大きな筋肉ですが、多くの人はこの深層筋を意識的に収縮・活用することができません。そのため、積極的な身体操作を通じてこの深層筋を活用できるようになることが、初歩的な基礎鍛錬となります。さらに、体幹安定を生み出す筋群のバランスの取れた活動には、骨盤内や仙骨周辺での特殊な身体操作が求められます。単一の筋肉だけ

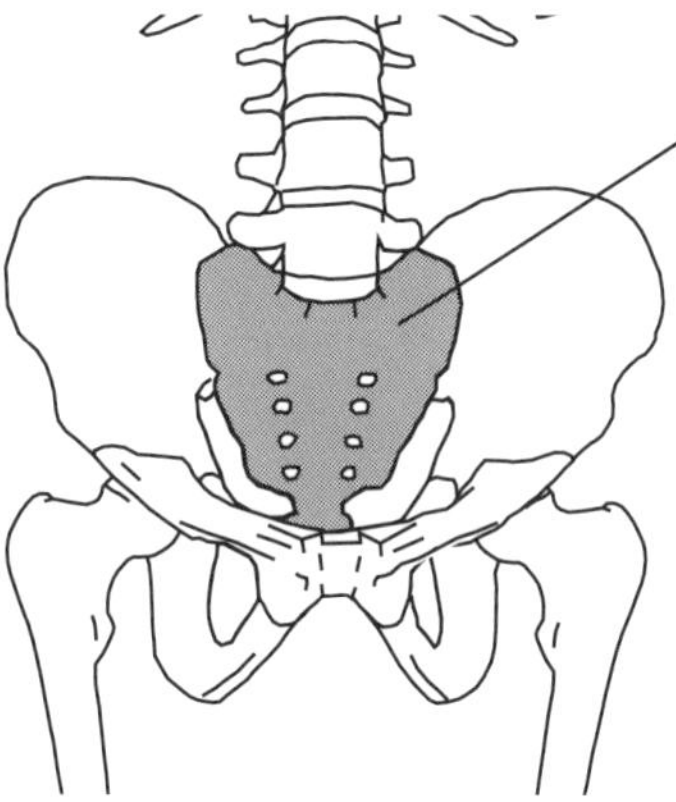

を働かせるのではなく、いくつかの深層筋が協調して動くことで、この独特な感覚が生じるのです。

この経験から得られる感覚を、私は『仙骨が入る』と表現しています。ただし、重要なのはこの感覚が表層には現れないという点です。仙骨を入れた状態であっても、仙骨付近の筋肉群を触っても、目に見える変化は認められません。これは、深層の筋肉の働きによって内側で起こっている現象であり、直接確認することが難しいのです。

多くの人々は、この点について解剖学的な説明を求めますが、残念ながらそれは困難です。なぜなら、この感覚は表面的には現れず、触診しても確認できない深層筋の作用によるものだからです。実際、医師や理学療法士、整体師など複数の専門家に私の仙骨付近の動きを触診していただいた際、筋肉や骨格に目立った変化が認められず、いつも驚かれるのです。要するに、この感覚は表層の筋肉の収縮によるものではなく、体内部で起こる現象であり、その源は意識的に個別に操作しにくい『インナーマッスル』にあります。

具体的に説明すると、私がこの「仙骨を入れる」という筋肉の活動を引き起こすと、仙骨の位置が何らかの筋肉の働きによって、体の後方から前方へ押し込まれるような感覚を伴います。その際、仙骨付近に痛みや刺激に似た独特な感覚が生じることがあります。

また、「丹田」という言葉がありますが、「仙骨が入る」という感覚と「丹田」は、表裏一体といえるほど近接しており、密接に連動していると感じられます。

ところで、近年『仙骨が入る』という表現は誤解を招くことが多くなってきました。なぜなら、この現象は表層に現れないため、誰もが意識的に操作できる背中や腹部の表層筋だけで得られるものではないからです。しかし、その言葉から連想され、骨盤を強く前傾させて背骨に付随する筋肉を無理に収縮させた結果、不自然に腰のS字カーブが強調される現象が多く見受けられるようになりました。覚えておいていただきたいのは、仙骨が入る動作は決して単に腰を反らすことではなく、正しい姿勢を保つことで自然に実現されるものであるという点です。

2 チカラの根源～丹田とは？

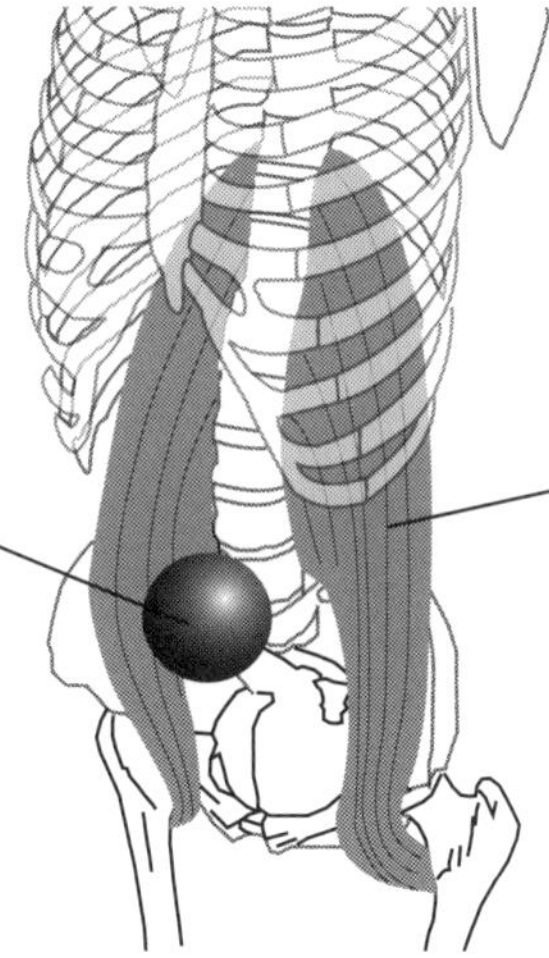

私は型を通じた身体操作の研究を重ねる中で、ふと体の中心を縦に貫く強烈な力の感覚が生まれ、これが従来の身体感覚とは全く異なることに気づきました。その瞬間、武道で語られる「丹田」という概念が頭に浮かび、これまでの鍛錬の中で最も異質な感覚であると感じました。この未知の感覚を明確にし、さらに強化すれば、自分の身体のポテンシャルを大きく伸ばせると直感し、徹底的な鍛錬を重ねました。

やがて、その力感覚は、激しい稽古後の疲労感として残り、腹の奥深くに鈍い痛みや違和感が現れるようになりました。最初は体調不良かと思いましたが、激しい稽古の翌日にも繰り返し現れ、次第に腹の奥から背骨の両脇へと広がっていくのを実感しました。そこで解剖図や3D画像で確認したところ、体の奥深くを縦に走る筋肉、すなわち「大腰筋」が、自分の感じる疲労部位と一致することを確認し、この筋肉の収縮こそが新たな身体感覚の正体であると確信しました。

さらに研究を重ねるうちに、姿勢が大腰筋の活動に大きな影響を与えることも分かりました。猫背や反り腰の状態では十分に機能せず、適切な姿勢をとることで大腰筋が強く収縮し、その結果、突きや蹴りの破壊力に直結すること、また「中心軸」のあり方が大腰筋の働きを左右することを実感しました。ここで大腰筋の基本的な機能と特性を確認すると、大腰筋は背骨の下部（腰椎）から始まり、骨盤の内側を通って太ももの上部に付着する、細長い紡錘形の筋肉です。骨盤を上下に跨ぐようにして脊椎と大腿骨を直接結びつけ、上半身と下半身を直接繋ぐ唯一の筋肉ともいえ、インナーマッスルとしては稀有な大きな筋繊維を有しています。最近の研究では、大腰筋は「浅層」と「深層」の2つの部分で構成され、深層（横突起への付着）は脊椎の安定をサポートし、浅層（椎体前面への付着）は股関節の屈曲や脊椎の前弯を強調する働きに関与していることが明らかになっています。

元々私は、特定のインナーマッスルを意識していたわけではなく、型の動作を独自の解釈と検証を加えながらひたすら練る稽古を繰り返していました。身体内部の力の入れ具合や呼吸の状態を試行錯誤し、すべての動作において、姿勢を伸ばし、縮め、絞り、緩めながら、呼吸も吸い、吐き、あるいは止めながら反復する中で、身体と呼吸の状態が一致する瞬間に、身体の「強烈な縦感覚」が生まれたのです。これまでにない感覚に強い衝撃を受け、徹底的に探求を重ねました。その結果、体幹深部に新たな力や、内側からの漲るエネルギーを感じるようになったのです。しかし、同時に時折、腹部―すなわち大腰筋周辺―に鈍い痛みが現れ、初めは軽い体調不良かと気にも留めなかったものの、日によって右側や左側に微妙にずれて現れるその痛みは、激しい稽古の後や翌日に顕著に感じられるようになりました。

そこで、この鍛錬が体に及ぼす影響を確認すべく、解剖図や3D画像で調査を進めた結果、痛みの発生部位や筋肉の走行方向が、まさにこの筋肉痛の原因である「大腰筋」と一致することを確信しました。古来より武道や芸能の分野で語り継がれている「丹田」という言葉は、「腹から力を出す」という表現とともに、体全体から力を発する源として捉えられてきました。丹田とは、へそ下三寸、すなわち腹の奥深くにある感覚的な集積地点を指しますが、そこに特定の器官が存在するわけではなく、あくまで体感として感じる場所です。流派によって解釈は異なりますが、私の場合、丹田の正体は大腰筋の収縮感、すなわち腹の奥底から湧き上がる強烈な縦の力感であると考えています。

実際、腹部に感じる力は外側の筋肉の収縮感とは大きく異なり、一般の人が容易に体感できるものではありません。しかし、私は稽古を通じてお腹の中の縦方向の収縮感を強烈に感じるようになり、その感覚が技の威力を大きく変える起爆剤、もしくは原動力になることを研究の結果見出しました。大腰筋の収縮感は、腹の奥底から湧き上がってくるような感覚であり、かつての人々が「腹から力を出す」と表現したのは、まさにこの体感を指していたのではないかと想像しています。丹田はしばしば球体のように例えられますが、大腰筋は背骨の両側に沿って縦に走る太い筋肉であり、その収縮によって立体的な力の感覚が得られるのです。ゆえに、大腰筋の活性化と意識化は、丹田の感覚を得るために不可欠な要素と言えるでしょう。

また、大腰筋の筋疲労については、一般に理解される筋肉痛とは異なる独特な感覚があり、例えば下痢でお腹を下した時のような感覚に近いと感じることもあります。大腰筋は内臓の裏に位置しているため、直接マッサージガンなどでほぐすことが困難で、筋繊維の中央、特に太い部分には強い疲労が溜まりやすく、触ってほぐすことは場所的に不可能です。こうした「強烈な縦感覚」と大腰筋の独特な筋感覚の一致から、私の中での理論が一気に明確になり、内部の働きをコントロールできるようになると同時に、身体から発せられるパワーが劇的に向上しました。そして、これまでいかに身体内部を活用・コントロールできていなかったか、またアウターマッスルと表層の感覚の違いを痛感し、昔の人々が「腹や丹田」から力を出すと表現した見えない何かを、非常にリアルに感じられるようになったのです。

そして、「仙骨が入る」ことと「丹田」

この感覚を生み出すキーポイントは、私が基本として指導している『伸び』と『呼吸』に由来します。

以下、その詳細について順を追って説明いたします。

3 体幹部の3つの層

秀徹ではまず、「体幹」と一言でまとめるのではなく、胴体を輪切りにしたような状態で三つの層に分けて考えます。これは、体幹が単なる一塊ではなく、内側と外側の層によって安定の仕組みが異なるため、それぞれを明確に分けて取り組む必要があるからです。

秀徹のカリキュラムでは、体幹の習得を最も難易度の高い最深層、中間層、そして表層の順番で進めることを徹底しています。

「伸びる」トレーニングは最深層、「呼吸」トレーニングは中間層、を鍛えています。

①最深層（腰椎の直接的安定）

- 主に大腰筋や多裂筋が中心的役割を担い、脊椎を直接安定化する。
- 「身体が伸びる」「脊椎が起立する」感覚をつくり出す根幹。

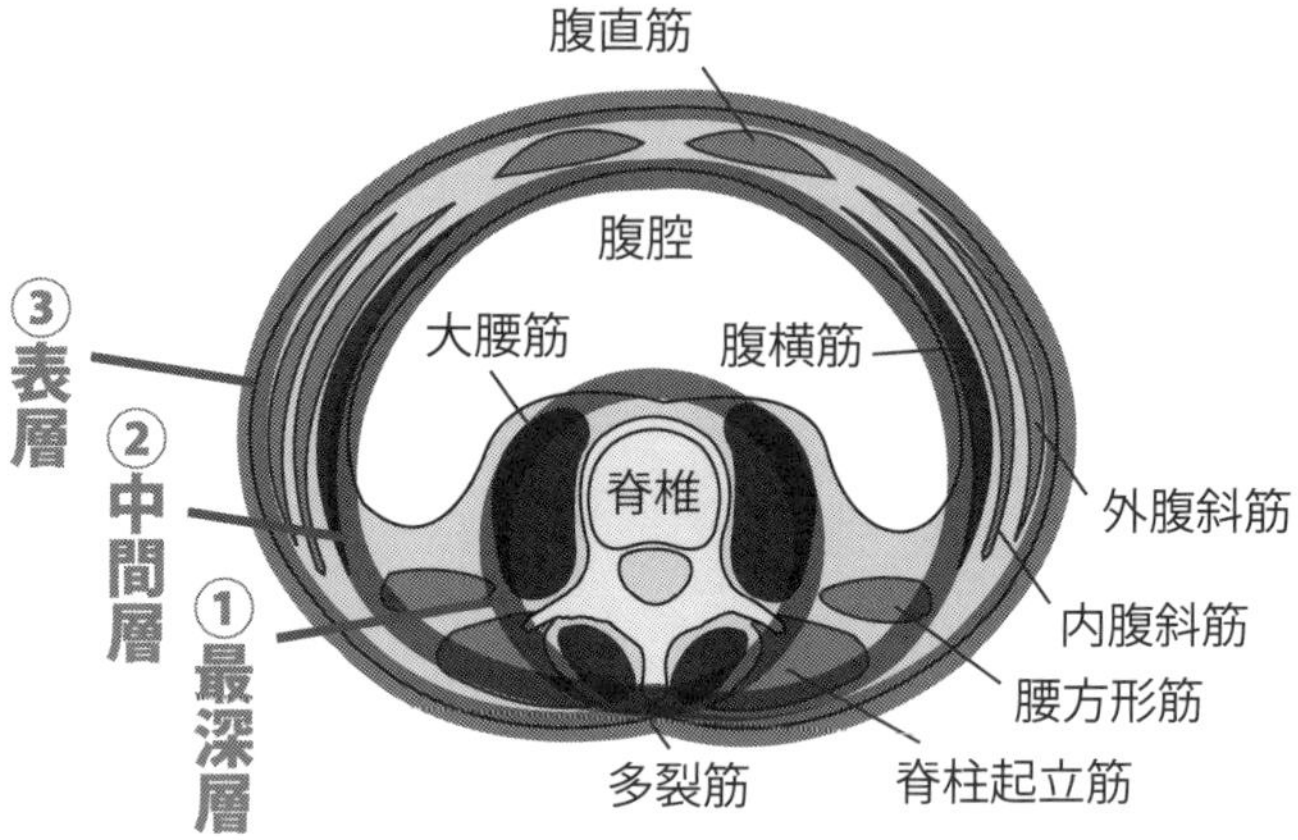

② 中間層（インナーユニットによる腹圧調整）

・多裂筋・腹横筋・横隔膜・骨盤底筋など（インナーユニットと呼ばれる筋群）が協調し、腹圧を高めることで脊椎を包むように安定化する。

・「強い呼気（努力呼気）」により胴体を内側に短縮する力が生まれ、最深層の「起立」と拮抗しながらさらに強い安定性を獲得する。

③ 表層（アウターマッスルによる安定）

・一般的に言われる腹筋・背筋（腹直筋、外腹斜筋など）が該当し、動きを生み出したり支えたりする役割。

・意識しやすく鍛えやすいが、ここだけで体幹を固めると「内側の安定」が疎かになりがち。

最深層や中間層の筋肉は、意識的に動かすのが難しく、その感覚をつかむのに非常に苦労する一方で、表層の筋肉は意識しやすいため、一般的な体幹トレーニングでは表層に偏りがちですが、深層に深くなるほどに、実際の土台となり技の威力を大きく変える影響力も強くなります。

① 最深層→② 中間層→③ 表層

の順番で習得していくことを徹底します。これは、難易度が高いものから順に習得するためです。

具体的には、最深層に位置する大腰筋や多裂筋が「伸びる」動作を通じて姿勢を安定させ、中間層のインナーユニットが腹圧の調整を介して体幹の安定性を高め、そして表層の腹筋や背筋などのアウターマッスルが動きの制御を担います。

最深層の鍛錬方法は、従来のトレーニングとは一線を画し、感覚的な実感を求めるのではなく、正しい「伸びる」動作を行うことに重きを置いています。この動作は、腰椎や脊椎の起立と呼ばれ、重力に抗して立つ力を意識的に強調することで、大腰筋や多裂筋の働きを引き出すと同時に、アウターマッスルの過剰な収縮を抑制します。

詳細は後ほど解説しますが、頭頂部の一点をすっと空に向かって伸ばし、アウターマッスルの収縮感を感じないこと、そして外見の形を変えることなく自然な生理的湾曲を保つことで、内部に伸びる力を作り出すことが求められます。このため、他の筋肉の介入を最小限に抑えながら、丁寧に深層を鍛える必要があります。

また、中間層の鍛錬には、最深層の活動を維持するための「伸び」の感覚を保つことを前提に、インナーユニットである多裂筋、腹横筋、横隔膜、骨盤底筋などを活性化するための呼吸動作を取り入れます。正しい努力呼気によって胴体が短縮方向に引き締められ、最深層の「伸び」と拮抗する作用が生まれるとともに、脊椎深部の筋肉が等尺性収縮を起こし、強烈な安定性が得られるのです。

この最深層と中間層の鍛錬こそが秀徹のトレーニングカリキュラムの根幹となります。表層の安定だけに頼らない、より深いレベルでの体幹の強さを習得できるようになります。

4 「伸びる」トレーニングのメカニズム

正しい姿勢の維持は、脊椎の起立メカニズムと重力に抗う体勢の両面から成り立っています。解剖学的には、身体が正しく立つために必要な筋肉や神経の働きは、「起立」ではなく「脊柱の伸展」と表現されることが一般的です。しかし、ここではより「立ち上がる」というニュアンスを強調するために、あえて「脊椎の起立」という表現を用います。秀徹独自の『伸びる』トレーニングは、脊椎の起立に関与する大腰筋や多裂筋といった深層筋群を、単なる姿勢保持にとどめず、さらに強く働かせることで、体幹の固定性と安定性をより高めることを目指しています。

私たちが「身体が伸びる」と感じるとき、その動きは外部から引っ張られて生じているのではなく、内側の筋肉の働きによって生み出されています。筋肉の収縮は、単に身体を「縮ませる」ためだけのものではなく、適切な張力の制御によって、結果的に身体を「伸ばす」ように作用します。そのため、「収縮が伸びを生む」という、一見すると矛盾しているような現象が起こるのです。つまり、伸びているように見えるのは、筋肉が適切に収縮することで脊柱を安定させ、重力に負けずに支えているからです。

「筋肉の収縮が結果として身体を上方へと押し上げる力を生む」ということです。

特に多裂筋や大腰筋といった姿勢保持の筋肉は、収縮することで脊柱の安定性を高め、結果として「伸びた」ように見える状態を作り出しています。

脊椎の起立メカニズムは、単なる筋活動だけでなく、神経系による精密な制御が統合的に働くことで維持されます。

大腰筋は、脊椎と大腿骨を連結し、骨盤の前傾角度を保持することで腰椎前弯を支え、体幹の安定に寄与します。一方、多裂筋は脊椎の深部に位置し、各椎間関節に付着することで分節的な安定性を確保し、過度な前弯や後弯を防ぐための微調整を行います。大腰筋が収縮すると腰椎は

大腰筋収縮と多裂筋収縮のバランスが
脊柱を起立させる働きを生む

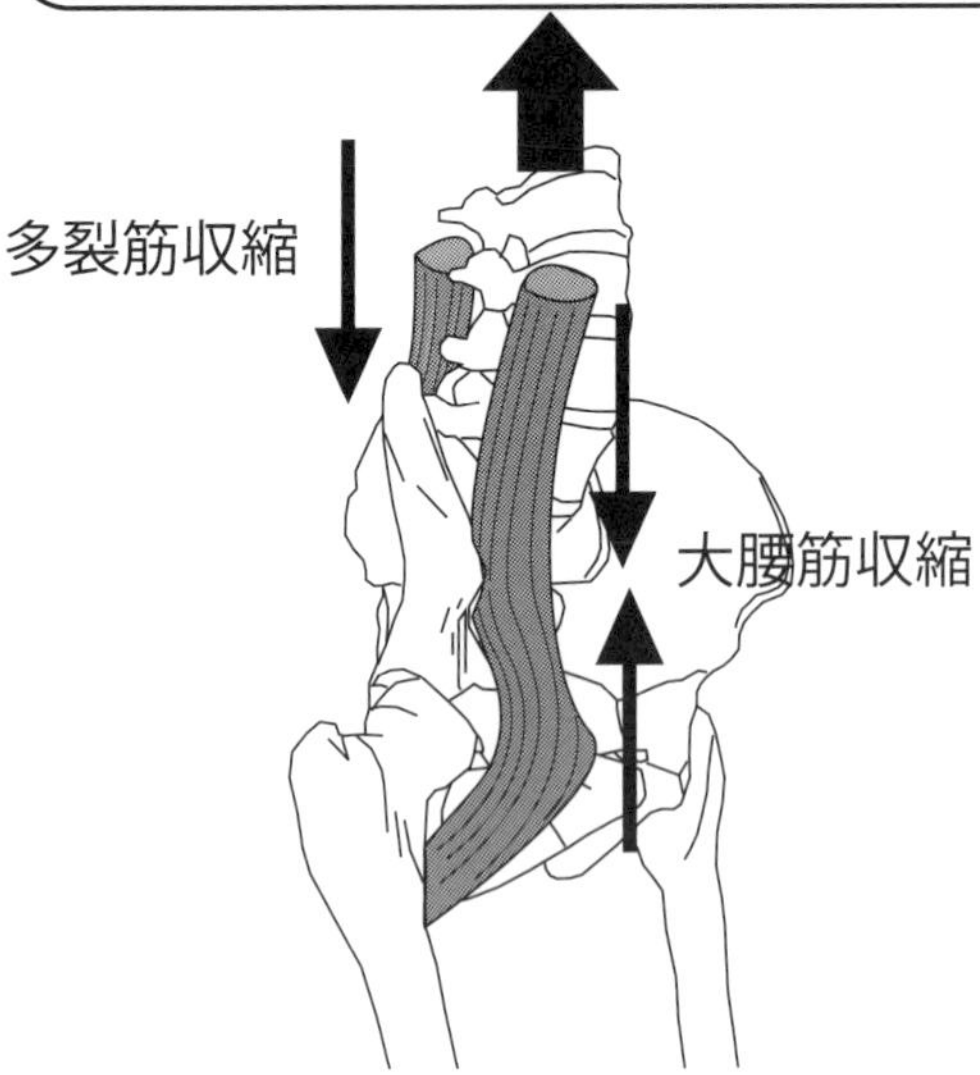

前下方に引っ張られ、多裂筋が収縮すると後上方に引っ張られるため、両者のバランスにより腰椎には適切な圧縮力と固定力が向上し、体幹を持ち上げ「伸びる」方向へと導きます。また、筋肉の収縮には、①短縮性収縮（筋が縮みながら緊張する）、②伸張性収縮（筋が伸びながら緊張する）、③等尺性収縮（筋の長さが変化せずに緊張状態を保つ）の3種類があります。特に、姿勢制御に深く関与するインナーマッスルは、外見上の動きが伴わない等尺性収縮が主であり、秀徹のトレーニングでは、脊椎の起立を通じてこれらの深層筋群の自然な収縮状態を促すことで、

屈曲や後屈（伸展）に偏らず、独特の縦方向の力を形成することを狙っています。
大腰筋のみが過剰に収縮すれば、付着している腰椎を前方に引っ張り骨盤を前傾させるリスクがあるものの、多裂筋は後方から脊柱を安定させ、過剰な前弯やズレを防止する役割を果たします。

このように、深層筋群の適切な収縮によって脊椎は確実に固定され、体幹内部に効果的な圧縮力が生まれるとともに、末端から体幹へと伝わる運動連鎖の中核としての『体幹』が強化されます。正しい筋活動と同時に、重力に抗うための最も負担の少ない姿勢を構築することが求められるのです。

さらに、体幹の筋収縮に意識を向けすぎると、不要な筋肉にまで緊張が広がり、かえってバランスを崩してしまいます。そこで秀徹の指導では、身体の外部に意識を向けさせることで、自然な筋収縮を引き出すことを重視しています。意識を向けすぎると、不要な筋肉にまで緊張が広がり、かえってバランスを崩してしまいます。そこで秀徹の指導では、身体の外部に意識を向けさせることで、自然な筋収縮を引き出すことを重視しています。

重力に対して負荷のかからない理想的な姿勢とは、下半身の上に体幹、その上に頭部が一直線に乗る状態です。武道などで重視される立ち方は、重力の方向に対して無理なく体が支えられている、いわゆる「重力に立つ」ことへの深い理解に基づいています。しかし、よく耳にする「胸

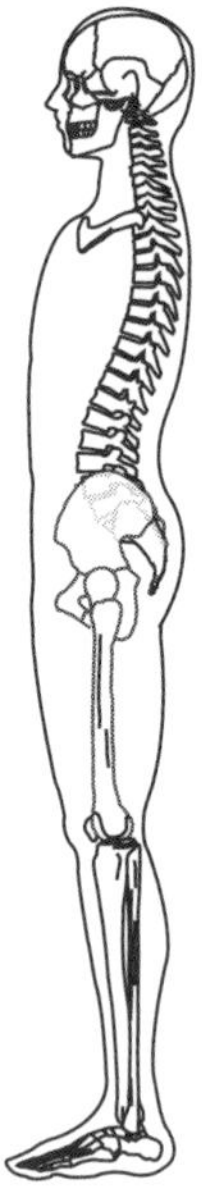

下半身の上に体幹、その上に頭部が一直線に乗った状態が重力の方向に対して無理なく体が支えられている状態。

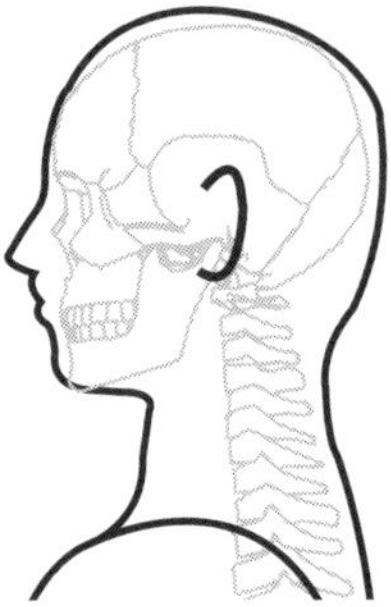

耳が肩の上に正しく位置していることが無理のない姿勢のためのチェックポイントになる。

を張って背筋を伸ばす」という姿勢では、正しい重力バランスは得られません。足裏の重心バランスも重要ではありますが、膝の曲がり具合など複数の要因が関与しますので、単に「土踏まず」に重心を落とせばよいというシンプルな話でもありません。

特に、頭部の位置は姿勢のチェックポイントとして重要です。頭が背骨の上に真っ直ぐ乗り、耳が肩の上に正しく位置しているかを確認することが、無理のない姿勢維持の鍵となります。成人の頭部は約5キロ程度とされ、たった2.5センチの前方へのズレでも、体幹にかかる負担は5キロ以上も増加し、2.5センチずつ前方にずれるごとに負担がさらに約2倍になるといわれています。わずかなズレが大きな影響を及ぼすという事実は、日々確実に体を支えている体幹への驚きとともに、知らず知らずのうちに大きな無理を強いている可能性を示唆しています。

つまり、「伸びる」トレーニングは、脊椎の起立メカニズムを活かし、深層筋群の自然な等尺性収縮を促すことで体幹の固定力と縦方向の力を高めると同時に、重力に抗う正しい姿勢を構築するための基盤を形成しています。

5 反り腰と骨盤前傾の決定的な違い

伸びる姿勢に関して、反り腰と骨盤前傾の違いを理解しておく必要があります。

私が指導する際には、「反り腰」にならないよう注意を促す場面が非常に多くあります。特に「伸びる」動作を伴う練習では、反り腰になりやすい傾向があります。

このときの反り腰は、「胸を張る」という動作と連動して発生することが多いように見えます。私自身も骨盤は前傾していますが、これを見て単純に「腰を反らせよう」とすると、大きな誤りを生じます。

ここで非常に重要なのが、「骨盤前傾と反り腰の違い」です。

これは大腰筋のあり方が影響していることも多いのです。

アスリートの前傾骨盤

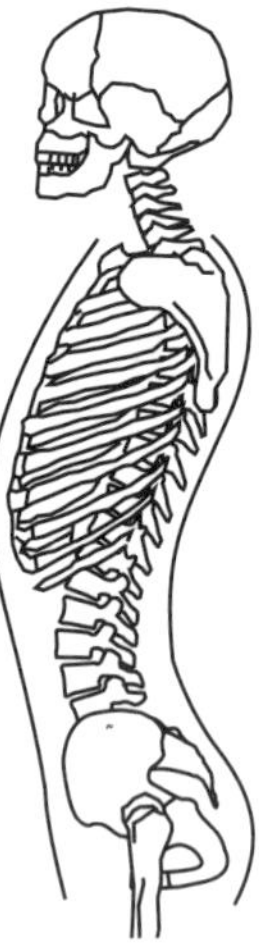

骨盤は前傾しているが、不自然な力はかかっておらず、腰椎も自然な弯曲を示している。

反り腰

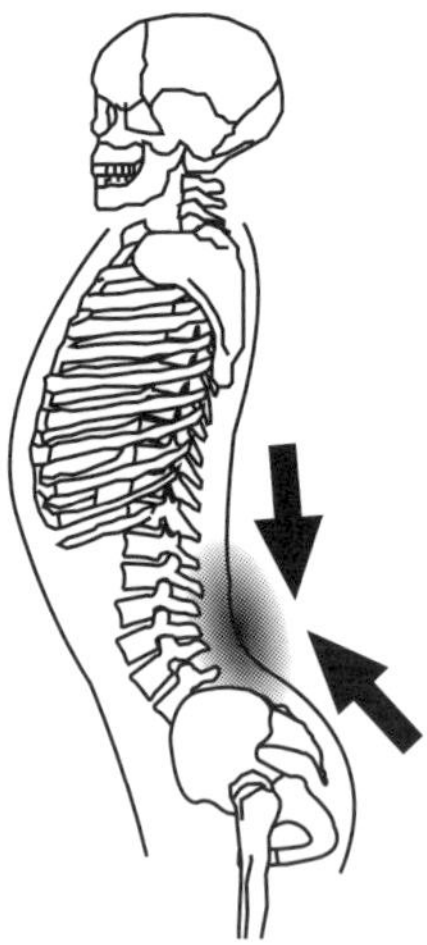

大腰筋や背筋群の過剰な緊張により、腰椎が不自然に曲げられている。

例えば、トップスプリンターの姿勢を見ると、骨盤前傾が明確に見られることが多くあります。

「反り腰」と「アスリートの骨盤前傾姿勢」は、外見上は似ているものの、その根本的なメカニズムは異なります。

アスリートの骨盤前傾は、大腰筋、多裂筋、腹横筋などが適切なバランスを保ち、脊柱の安定性が確保された状態です。このバランスが整うことで、腰椎の弯曲が生理的な範囲に収まり、地面からの反発力を最大限に活かすことが可能になります。

一方で、反り腰は「一方の力の偏り」によって生じる現象です。

大腰筋や背筋群が過剰に緊張し、骨盤が過度に前傾することで、腰椎の弯曲が必要以上に強まってしまいます。

近年、大腰筋の重要性が広く知られるようになり、多くの人がその鍛え方に注目しています。秀徹の身体操作においても、大腰筋は極めて重要な要素の一つです。強い力を発揮するうえで大腰筋が重要であることは私は常々お伝えしていますが、一方で「過度な緊張は良くない」と言われると、戸惑う方も多いかもしれません。そこで、これから説明する「大腰筋の適切な使い方と過緊張の違い」をしっかり理解しておいてください。

大腰筋が常に緊張しているからといって、それが「強く機能している」わけではありません。大腰筋に限らず、特定の筋肉が過剰に収縮している状態では、適切な長さ調節ができず、むしろ力を発揮しにくくなります。また、その働きが支配的になることで、他の筋肉との協調性が失われ、結果的に全身の動作が非効率になります。

スプリンターのように機能的に使えている大腰筋は、反り腰の人の「ただ過緊張している」大腰筋とは決定的に異なります。

インナーマッスルを鍛えることは重要ですが、それ以上に、機能的に使えるようにするための神経制御（姿勢のコントロール）が不可欠です。そのため、単に「大腰筋が重要だから鍛えよう」とするのではなく、同時に大腰筋を適切に機能させるための姿勢づくりが求められます。

大腰筋を正しく使うために最も大切なのは、見た目のカーブではなく、内部のバランスです。

筋出力の最大化には、全身の連動がカギを握ります。「大腰筋を鍛えれば良い」というわけではありません。これは他のインナーマッスルにも同じことが言えます。

また多裂筋についても同様で、腰椎の過度な前弯（反り腰）を防ぐ役割を持つにも関わらず、これが過緊張することで、逆に腰椎の前弯を強調してしまうことがあります。一見矛盾しているように思えますが、これも脊柱の動きにおける「筋バランスの崩れ」が原因です。

そのため、単に「大腰筋を鍛える」「多裂筋を鍛える」のではなく、体幹全体のバランスを整え協調して働く状態を作ることが極めて重要です。

姿勢を変形させるような誤った筋肉の使い方には十分注意してください。

6 姿勢が力を生む理由（構造的な強さの正体）

さて、ここから姿勢の根本的な概念について話していきます。

これまで述べてきた「適切な姿勢」とは何のためにあるのか？

実は、姿勢の制御において、どの筋肉が強く働くかではなく、重要なのは神経系の役割なのです。

身体は意図的な動作を行う前に、まず脳がその動作によって生じる外部からの力や身体の不安定性を予測し、体幹を安定させるためにインナーマッスルが先行的に活動する働き（フィードフォワード反応）があります。その動作が体に与える影響を予測し、インナーマッスルを事前に収縮させることで、動作に伴う急激な負荷から体幹を守るための準備を整えているのです。そしてさらに、衝撃や動作が予測からズレたとき、筋の張力を変化させ動作の制御を助ける神経がリアルタイムに筋肉の伸び具合い検知して収縮を補正する働き（γ《ガンマ》ループ）があります。これらの働きが不十分であると、どれだけ体幹の筋肉が屈強で強くても反応が遅れて役に立たないわけです。

しかしこの活動に際して事前に不要な緊張があると、必要なパフォーマンスのまさにその場面で既に別の仕事をしてしまっているため、インナーマッスルがパフォーマンスを発揮するための働き（予測的活動やγループ）が阻害されてしまいます。こうならないための「準備が整った姿勢」なのです。

身体の構造が、何に対して適切な状態であることを要求しているのか。最優先とされているのは、「重力に抗い立ち上がる」ことなのです。

この意味を真に理解できたなら、相当の身体感覚であると言えるほど、最も重要な部分です。古の中国武術などによく見られる、ただ立つだけの稽古、などはまさに、このことを直接的に学び取ろうとする鍛錬だったのだろうと推測しています。

人の身体は、真上からかかる重力に対して、本来はとても効率的にかつ強さを持ちうる構造を持っています。

安定した姿勢を表現するとき、よく、軸を保つ、軸を整える、などと言われますが、軸、または「中心軸」というのは、決して背骨のことではありません。体全体を連続したネットワークとして捉えたとき、一番効率的で無駄なく重力に抗って立つために、中心に位置すべきもの、または場所を指しています。ですので、この中心軸は決して背骨と同一ではありません。体の中心に背骨があるというわけではないのです。

背骨はそれ単独では、どんなにきれいに縦に並べたとしても、立ち上がった状態を維持できるわけではありません。

一本の柱ではなく、並んだ椎骨が並んでいることをイメージできたとしても、不揃いな自然石を、それぞれの石のバランスを揃えて一列に積み上げる「積み石」のようなイメージを持たれるかもしれませんが、これもまた実際の人体とはかなり違っています。

積み石は、石の表面の摩擦があって成り立つものですので、石だけの積み重ねによって立ち上がらせることができますが、ヌルヌルした組織に包まれた人体の骨格はそうもいきません。

構造的な強さに関しても、背骨が唯一の強固な支柱であると考えられがちですが、実際のところ、背骨は多くの椎骨が、弾力性のある椎間板を挟んで積み重なったしなやかな構造です。そのため、それ自体で安定して立つことは難しく、背骨をしっかりと立たせるためには、周囲の筋肉、筋膜、靭帯などが協調して支え、張力を調整する必要があります。この協調がとれた状態が、無

理のない姿勢というものです。

　そして背筋を伸ばす、というと皆さん、背骨のカーブを真っ直ぐにのばし、胴体の筋肉が伸びて骨の一つ一つの隙間が開くようになる様子を想像するでしょうか。

　もし誰かに、頭を掴まれて上に引っ張り上げられたなら、バネが伸びるように身体は若干伸びるでしょう。しかし私達が、重力に抵抗して身体を上に立ち上がらせるには、誰かに引っ張りあげられるのではなく、自らの体内の働きのみでそうする必要があります。

　さて、何の力が身体を伸ばしてくれるのでしょう。

　それは、多くの筋肉や腱の張力と、その絶妙バランス、それによって構造的な形を作る骨格、の統合的な働きによるのです。

我々の身体が構造的に強い状態とは一体どんな状態を言うのでしょう？

武道的には、これを追求することが姿勢鍛錬の目的です。

強い力を生み出すための準備が整った姿勢というのは、体幹、足、腕といった各部位に共通する原理に基づいています。

まず、各部位における最適な角度は、単に力を発揮するための「硬い柱」ではなく、力を効率的に分散し、不要な緊張を生まない状態を作り出すためのものです。

たとえば、膝の場合、伸展角から約30度の位置にあるとき、四頭筋などは最適な張力をもった状態であり、迅速な神経反射が発動しやすくなります。これは、地面からの反力を広く分散させ、局所的な負荷の集中を防ぎ、必要な瞬間に大きな力を生み出す準備が整っている状態です。

同様に、脊椎についても、神経反射が適切に働くポジションや角度があります。この最適なS字カーブが保たれている状態が、重力や外部からの衝撃を各椎体や椎間板に均等に伝えることで、余分な負荷や過度な緊張を避ける役割を果たします。これにより、急激な衝撃や高重力負荷の状況でも、全体として効率的な軸方向の力伝達が可能となります。

最適な姿勢は、各関節や支持組織が正しい整列状態にあるため、力が効率よく軸方向に伝達されます。これにより、各部位が協調して働き、無駄なエネルギー損失なく最大限のパフォーマンスが引き出されます。

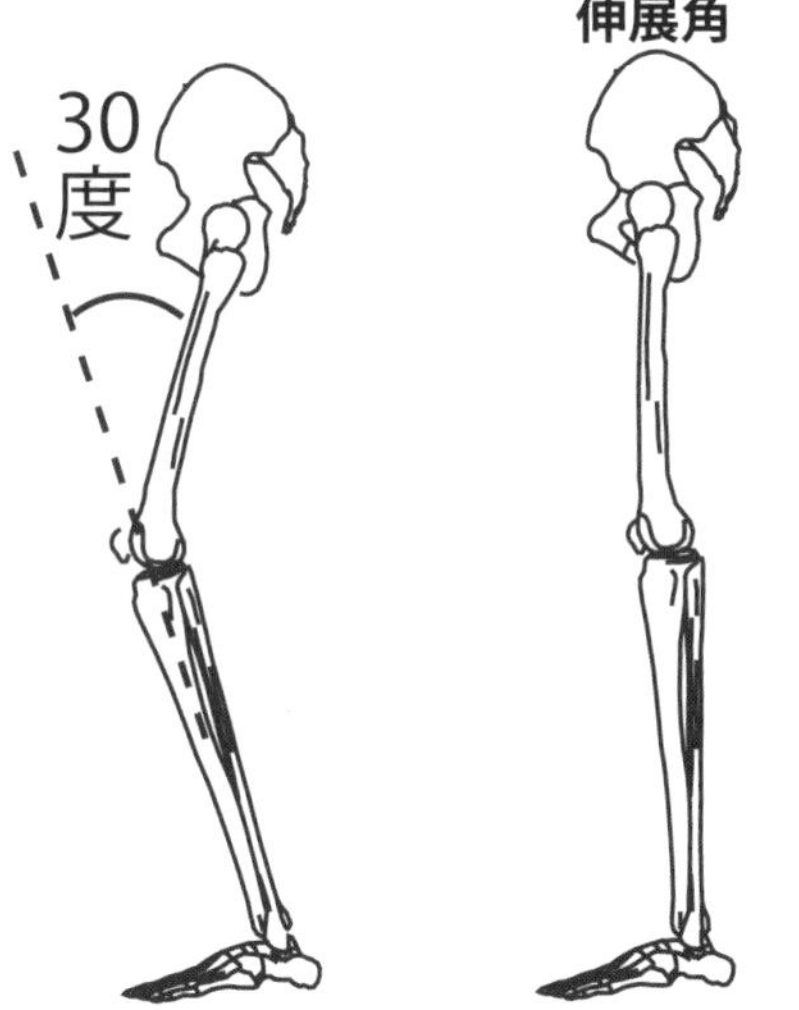

膝は完全に伸ばしきった「伸展角」から約30度の位置にあるとき、腿の筋肉群が最適な張力をもった状態になる。

強い筋収縮と大きな力を生み出すための「準備が整った姿勢」とは、体幹であれ足であれ腕であれ、力を一点に集中させるのではなく、適切な角度で力を分散し、神経系が素早く正確に反応できる状態を作り出すことに他なりません。

7 強さを生み出す背骨の湾曲・骨盤の傾斜

脊椎のS字カーブの状態を整えることは、武道的に強い姿勢を作るうえで大変重要な部分です。これを探求する方法として、ただ立つだけの鍛錬方法が古くから伝わる所以です。

立つことを単に下半身の筋力トレーニングとして考えていると、全くもって不合理な鍛錬としか思えませんが、強い姿勢を見つけ、それをさらに高めていくトレーニングとして見ていくと、逆にいわゆるスクワットなどのウエイトトレーニングで賄うことは不可能であることが分かり、これは実に大切なものであることが理解できてきます。

またそれは武道や格闘技にのみ役立つものではなく、身体のパフォーマンスを最大化するにあたってはあらゆる分野に役立つものであります。

武道の身体操作でよく論争になる「骨盤は前傾か？後傾か？」については、正しい立ち方、すなわち正しい脊椎の状態が分かれば、おのずと答えは見えてきます。

脊椎の自然なS字カーブは、上からの荷重を効率良く分散させ、背骨への衝撃を和らげる役割を持つことは皆さんご存知かと思いますが、それ以外に、「上からの荷重に対しての構造的な強さをもたらす」という点が、ここでは大変重要になってきます。

脊椎が重力方向に対して最も強い力を発揮するのは、そのカーブが適度に保たれている状態です。

前傾か?後傾か?という問いへの答えとしては「どちらでもない丁度良い角度」となります。どっちかが正解、であれば対応も簡単なんですが、残念ながらそうでないのが難しいところです。

その適切なカーブとは、鍛錬の中で見つけていく必要があるものではありますが、熟練してくると、他人の姿勢の狂いもすぐ見抜けるようになってきます。

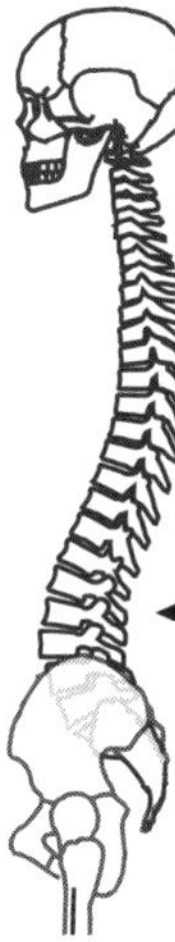

特に分かりやすいのは背骨のカーブと、その頂点の具合を観察することです。

背中の上の方の後方に出たカーブを「一次湾曲」、腰の裏側の臍の方に出たカーブを「二次湾曲」と呼んだりします。脊椎の一次湾曲とは、背骨が胎児期に最初に形成するカーブを指します。一般的には胸椎の中間部分が一次湾曲のピークとされています。

胸椎の7番から8番の椎骨は、体の後面で見た場合、肩甲骨の下端に近い位置にあります。前面から見た場合、これは大体胸の中央部分に相当します。人によって異なるため、一概には言えませんが多くの成人では、7番から8番のあたりは乳首のすぐ下あたり、もしくは乳首と同じ高さ程度に位置することが一般的です。

腰椎の二次湾曲（腰の前弯）のピークは腰4番あたり、お臍の少し下あたりです。そしてそれは、大腰筋の筋繊維の真ん中あたりになります。

そしてこの適切なカーブの状態であることこそが、強い姿勢を生むための身体操作、筋肉の稼働、を正しく導き出すための「準備」となります。

簡単に適切な湾曲を見つけるワークは後ほど詳しく解説します。

8 中心軸

中心軸とは、それ自体が強烈な力を生む何かではありません。

人間の運動において力を生み出すのは、筋肉の収縮とそれに伴う骨格の動き、そしてそれらの連携によるものです。中心軸というものは、それ自体が直接的な力を発するものではないという点をまず理解しておく必要があります。

中心軸が分からなくても、稽古を進めることはできます。稽古を重ね、これまで解説してきた身体の構造的に強い姿勢や、テンセグリティ構造などを理解しつつ、姿勢のトレーニングを通じて力の使い方を体得していくうちに、徐々に効率よく力を発揮できる準備姿勢を見つけられるようになります。

頭の位置が2〜3センチ変わるだけで、姿勢はまったく別物になってしまいます。腰の位置や背骨の湾曲、呼吸による体幹の動きなど、数センチのズレを生み出す要因は無数にあり、それほど厳密かつ繊細なものです。

そのため、残念ながら文章や言葉だけで完全に習得するのは難しく、実際に指導を受けながら体感していただくしかない部分もあります。

中心軸は、体にとって最も無理のない効率的な「準備の姿勢」を意味します。この中心軸が整っていない場合、そこから生じる体幹操作、筋肉操作、骨格の動きに歪みが生じ、非効率になり、十分な効果が得られません。

中心軸が整っていると、効率が飛躍的に向上します。その度合いは驚くほど大きく、わずかな姿勢の変化（数センチ）で、力の伝達や技の威力が大きく変わることを、私は稽古会で実演しています。生徒の姿勢を微調整するだけで、パンチの威力や技の威力が激変することもあります。これは、中心軸を整える、あるいは崩す作業であり、その影響は計り知れません。

中心軸を整える上で特に前後のバランスは崩れやすく、脊椎の湾曲や骨盤の前傾角度、頭の位置や目線の高さなどが特に影響を与えます。これらの要素が微妙に変化するだけで、バランスが大きく変わるため、中心軸の調整は非常に難しいものです。逆にいうと前後のバランスを整える事が出来れば、中心軸は非常に整いやすくなります。

前後の歪みを整えることこそが中心軸調整の最初の課題です。

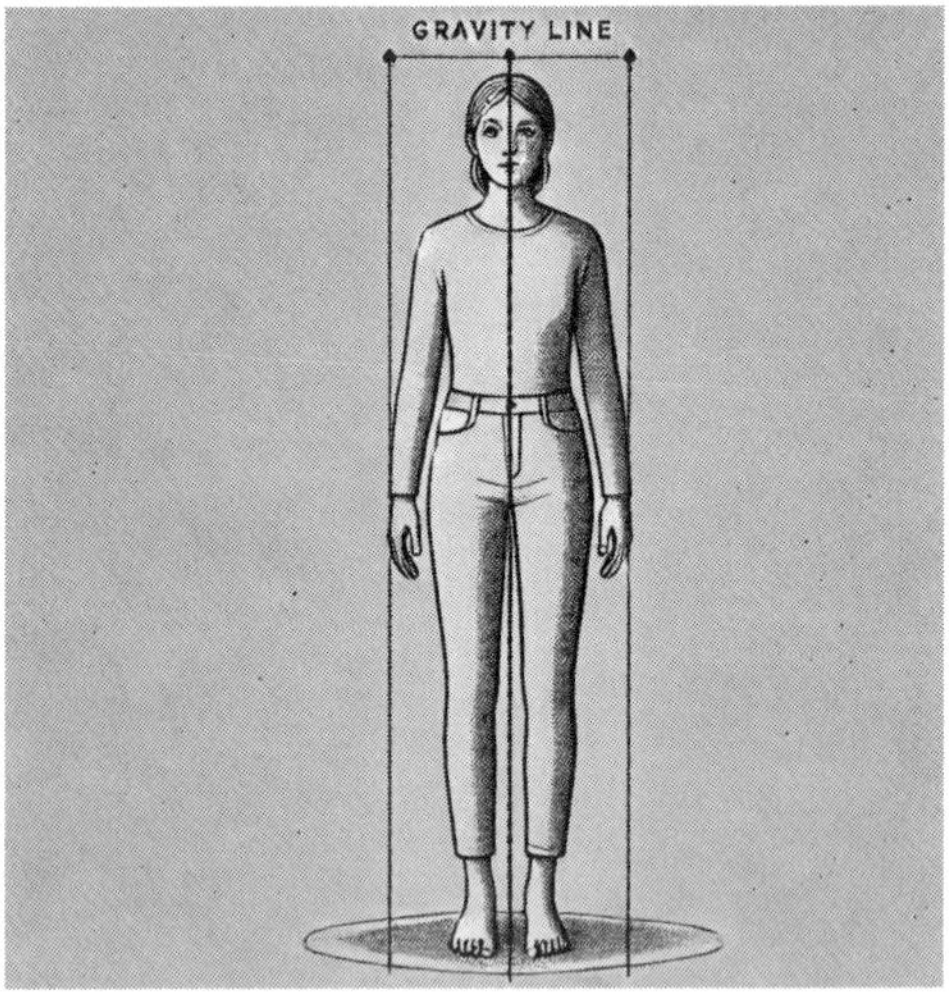

例えばつま先と踵の重心バランスを均等にすれば解決するという単純な話ではなく、脊椎、骨盤、膝の角度など、全てが連動しているため、一言で説明することはできません。

私は稽古会で、直接生徒の体に触れて調整を行い、指導していますが、個々の体型によって適切な調整方法は異なります。

文章だけで中心軸の整った状態を完全に伝えるのは難しいですが、中心軸が整っているときと整っていないときでは、力の効率が全く異なるという点を理解していただければと思います。

また中心軸とは決して背骨を意味するものではないことも頭に入れておいてください。

9 揺れる姿勢

姿勢の安定とは何か、その本質について考えてみましょう。

多くの人は、姿勢の安定を「重心が一点に集中し、体が揺れない状態」と単純に捉えがちです。しかし、真に安定した姿勢、そしてそこから生まれる力強い身体操作を理解するには、この認識を大きく修正する必要があります。残念ながらこれまで説明してきた「固定的な強さだけ」では、姿勢の強さや安定は生まれないのです。

一般的に、姿勢の安定は強い骨格とそれを支える筋肉の力によって保たれていると考えられます。しかし、私たちの身体は、後述する「テンセグリティ構造」と例えられるように、圧縮要素（骨）と引張要素（筋肉、腱、靭帯など）が複雑に絡み合い、相互作用することで絶妙なバランスを保っています。

骨格は単なる土台ではなく、引張要素との相互作用によって初めて、重力や外力に対抗する強さを発揮するのです。

すべての要素が協調的に機能することで、構造的に整い、かつ力強い姿勢が実現します。

また、姿勢の軸は単に背骨そのものではないことも重要な認識です。武道で古くから言われる「軸」も、必ずしも背骨を指すわけではありません。身体が構造的に最適な状態に整えられ、固定的な強さ（構造）と細やかな反応（神経制御）が両立する、最も効率的に力が発揮される状態にあるときが、軸が通った状態といえます。個々人の体格や体型、筋肉の発達度合いはさまざまであるため、軸の位置を固定的に定義するのではなく、自身の体を通じて最適な軸を見つけることが、真の姿勢の安定と力の発揮につながります。この点を理解するためには、「骨格を中心とする身体観」からの脱却が必要になります。

秀徹の姿勢稽古では、激しく動き回ったり、全身に力を入れるようなトレーニングは決して主流ではありません。ゆっくりとした動きの中で、身体の繊細な制御を学び、必要な部分だけに適切な力を使う感覚を養うことから始めます。これは、インナーマッスルの働き（関係する神経系統の制御も含めて）を理解し、それをコントロールするための重要なステップです。がむしゃらに動いてしまうと、身体の奥深くで起こっている微細な感覚を見逃してしまうからです。

姿勢の安定性をわかりやすく示す例として、片足立ちを考えてみましょう。いくらインナーマッスルを鍛えていても、完全に動かずに立ち続けることはほぼ不可能です。わずかな揺れは常に生じます。一見安定しているように見える片足立ちも、実際には体幹や足先の筋肉が極めて微細な調整を繰り返しています。この微細な調整こそが、私たちの身体が常にバランスを保つための生理的な反応であり、その調整能力の高さこそが、真の姿勢の安定性を示しているといえるでしょう。

10 閉眼片足バランスと人体の姿勢制御メカニズム

片足立ちになり、目を瞑ります。

上げた足は軸足に固定せず、膝を上げた状態でブラブラさせておきます。

腕は組むか腰に固定したりして、両手でバランスを取れないようにします。

このまま出来るだけ長く立ち続けてみましょう。ほとんどの方はぐらついて1分も立っていられないでしょう。

片足立ちは、非常にシンプルな動作に見えますが、身体にとっては複雑なバランス調整が求められる運動です。両足で立っているときは、重心が安定しており、多くの筋肉があまり意識的に使われません。しかし、片足立ちになると支える面積が小さくなり、重心が片側に移動するため、体が倒れないように細かな筋肉が瞬時に働きます。

このときに身体に起きる現象を詳しくみていきます。

片足立ちを維持するためには、体の中で常に情報をやり取りしながらバランスを調整する仕組みが働いています。

①目や耳、関節のセンサーが、体の位置や周りの状況を感じ取る
②脳や神経がその情報を分析し、どう動くべきかを判断する
③指令が筋肉に送られ、バランスを取るための動きが発生する
④筋肉が収縮したりゆるんだりして、体の傾きや揺れを調整する
⑤再び情報を感知し、調整を繰り返しながらバランスを維持する

片足立ちの際、体はわずかに揺れながらバランスを取ります。

この揺れには「固有振動数」と呼ばれる、物体が自然に揺れる特定の周波数も関係しています。固有振動数は質量・形状・剛性などで決まり、人の体も各関節や筋肉、姿勢によって異なる固有振動数を持ちます。これを適切にコントロールすることでバランスを維持しています。

自身の固有振動数に近い振動を受けると「共振」が起こり、揺れが増幅されます。建築では人が不快に感じる振動を防ぐため共振を避ける設計がされていますが、人体も同様に固有振動数に適応しながら安定を保ちます。さらに、「生理的振動」と呼ばれる神経や筋肉の活動、血流、呼吸による微細な振動も姿勢の安定に影響を与えます。

目を閉じるとさらにバランス維持は難しくなります。視覚は体の傾きを把握し補正する役割を果たしますが、視覚に頼れない状況では関節や筋肉の感覚（固有受容感覚）が頼りになります。このため、揺れに対して適切に筋肉を働かせることがより求められます。

我々が安定した姿勢を作るには強く強固な軸が通れば良い、というような単純な話では無いことがお分かりかと思います。

片足立ちは、ただじっとしているのではなく、体が常に微調整を続ける「動的なバランス」の結果なのです。

片足で立った際、多くの人は「ふくらはぎが疲れる」「足がプルプルする」といった表層の筋肉（アウターマッスル）の感覚を得ます。しかし、インナーマッスルは自覚しにくいのが特徴です。インナーマッスルは微細な調整を繰り返すため、目立った動きはほとんどありませんし、もちろん神経系の働きが何かの実感を生むわけでもありません。そのため「何も感じない」「効いている気がしない」と思いやすいですが、実際には筋肉の深層で活発に働いています。

自覚がなくとも姿勢が崩れずに立てていること自体が、インナーマッスルの働きの証拠です。トレーニングを重ねていくと、この揺れに対応するスキルも徐々に上がってきますし、姿勢制御の能力も高まってきます。

11 効率的な安定を生む「テンセグリティ構造」と「伸び」

テンセグリティとは、張力と圧縮が絶妙なバランスで連携することで、構造全体の安定性を保つ仕組みを指します。人体では、骨が圧縮要素、筋肉や腱、靭帯が張力要素として働き、互いに支え合うことで体の形や動きを維持しています。

例えば、脊椎では各椎骨が圧縮要素として積み重なり、それらを連結する筋肉や靭帯がワイヤーのように引っ張ることで、力が均等に分散されます。このバランスが保たれることで、脊椎は軽量ながら高い強度と柔軟性を発揮し、安定した姿勢を支えているのです。もしこの調和が乱れると、局所的な負荷の集中が起こり、姿勢の崩れや痛みにつながる可能性があります。

テンセグリティ構造にはいくつかの利点があります。

まず、限られた材料で全体の安定性を確保できるため、非常に軽量でありながら高い強度を持ち、エネルギー効率が良いのが特徴です。

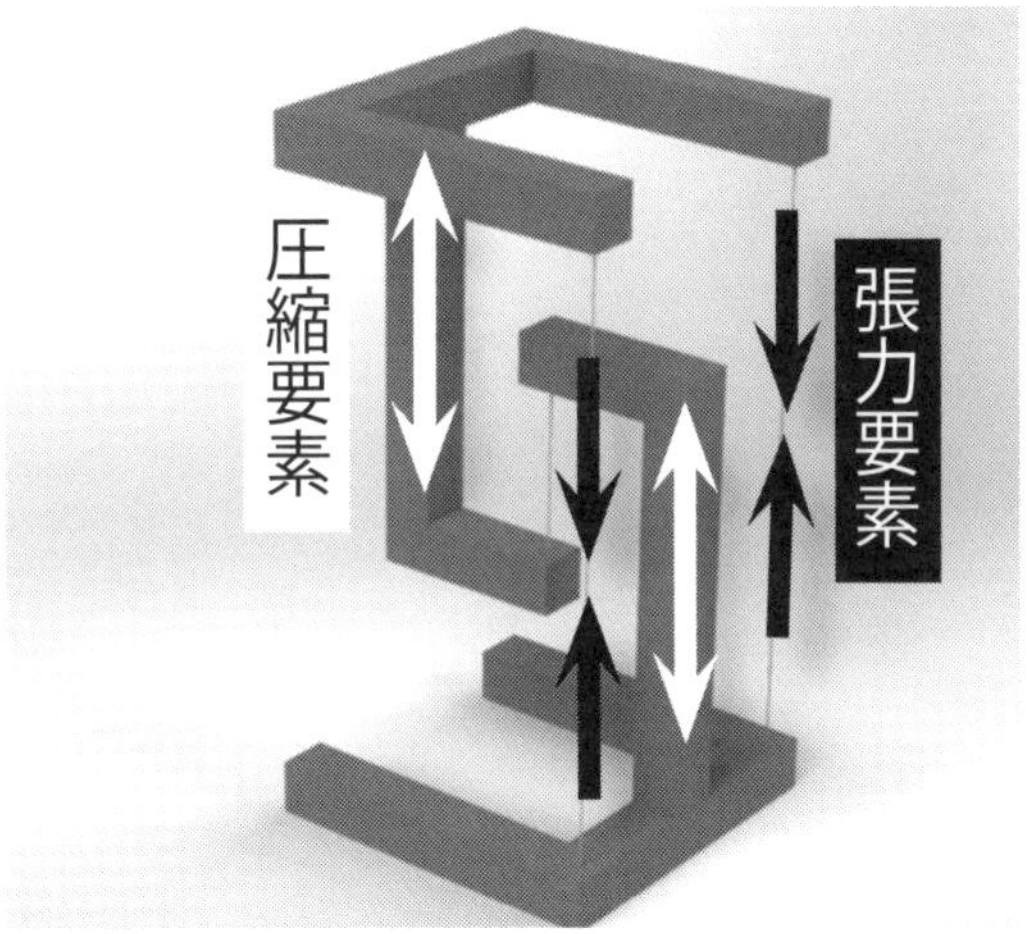

また、力が構造全体に均等に分散されるため、外部からの衝撃や負荷に対して柔軟かつ効果的に対応でき、ダメージを最小限に抑えることが可能です。

このような人体のテンセグリティ構造の原理に基づいて「バランスを整えること」が、秀徹における中心軸や姿勢を整えることにつながり、「張力要素を強く強化していくこと」が秀徹の鍛錬となります。

伸びる動作によって、脊椎周りを固定する筋群の収縮を引き起こします。その収縮はバランスを伴った収縮であり、これが全身（上半身と下半身）の一致を作ります。

脊椎がしっかりと立っているように見えるのは、外から無理に引っ張られているわけではなく、内側の筋肉が精密に働いているからです。脊柱の深部にある大腰筋と多裂筋が互いに前後でバランスを取りながら収縮することで、自然なS字カーブを維持しつつ、上半身が持ち上がるような安定した姿勢が生み出されています。

多裂筋は、各椎骨に細かく付着しており、その収縮によってわずかな伸展力を脊柱全体に加え、細かな動きを制御しながら安定性を確保します。一方、大腰筋は腰椎の前側から始まり、大腿骨へと付着する筋肉で、股関節の動きにも関わると同時に、腰椎に適切な引っ張り力を与え、重力に逆らって体幹を持ち上げる働きをしています。

脊椎を構造的に安定させるのは特定の筋肉だけが関与するわけではないですが、特に腰椎については正しいニュートラルポジションにあるときには、大腰筋と多裂筋、この二つの筋肉が、互いに拮抗しながら収縮することで、脊椎の過度な屈曲を防ぎ、立ち上がった状態、すなわち「伸びた」状態が維持されるのです。そしてこれらの筋肉は動作の前に予測的に収縮しますし、またインナーマッスルには筋紡錘という姿勢や動きを調整するセンサーが多く存在します。

熟練すれば、予め不自然に固定しておかなくても、必要に応じて力強い動作を生み出されるようになるのです。

12 「伸びる」が生み出す重い身体

秀徹メソッドの根幹をなす「伸びる」動作は、大腰筋と多裂筋の収縮を導き、これらを強める

上で最も効果的です。「伸びる」ことで腰椎周りの最深層の筋群が収縮し、上半身と下半身が強固に結合します。この結合は、手足から発する技の威力を劇的に向上させる効果があります。

この結合状態を確認する方法として、他者に胴体を抱えて持ち上げてもらい、体の重さを実感する手法が有効です。秀徹の稽古会では、対人稽古を通じてこの検証を大変重要視しています。体重自体は変わらないにもかかわらず、上半身と下半身のつながりが強固になると、地面に根を生やしたかのように非常に重く感じられます。逆に、つながりが弱い場合は体重はさほど変わらず、軽く感じられます。

この現象は一見不思議に思われますが、その原理はシンプルです。パワーリフティングのバーベルに例えると、剛性の高いバーは重量が瞬時に伝わって重く感じられる一方、しなりのあるバーは同じ重量でも徐々に負荷がかかるため、軽く感じられます。同様に、上半身と下半身の結合状態も、隙間（遊び）があれば負荷が徐々にかかり軽く感じ、つながりが強ければ瞬時に体重全体が伝わり重く感じられるのです。

上半身と下半身の遊びがなくなり全身が一体となる状態は、後で解説する運動連鎖による大きな力を発するための準備が整った状態を意味します。こうなると、手足の先から発した力は即座に体幹へと伝わり、各部位が協調して働くことで大きな力が生み出されます。

また、多くの会員が電車内で揺れてもぐらつかなくなったと報告しており、これはバランス感覚の向上だけでなく、体幹深層部への力のスムーズな連動が実現しているためです。体の中心が安定して働くことで、足先からの力の伝達が円滑になり、踏ん張りが効くようになります。これは、手足から爆発的な力を発する能力とも深く関連しています。さらに、足の裏（場合によってはつま先や踵）で地面をしっかりと捉えることは、体幹が整っている証拠であり、その状態で腕を振れば大きな力を発揮できるのです。

立つ姿勢を養うには、足腰の鍛錬だけでなく、体幹部の機能が最も重要です。手足に力を発し、その感覚が体幹の奥深くにまで伝わるようになると、その重要性を実感できるでしょう。秀徹姿勢の基本である「伸びる」動作は、体内深層筋群の活性化と発達を目指しています。理論的な説明だけでは理解が難しい部分もありますが、体感覚を通じて「伸びる」動作と大腰筋の筋収縮との結びつきが実感できるようになると、まさに「この感覚か！」と直感的に理解できるようになるでしょう。

第3章

呼吸について

1 腹式呼吸のチェック

秀徹の身体操作において、呼吸への理解は極めて重要です。上級者向けには、内在する力を引き出すための、非常に特殊な呼吸法も存在しますが、そのすべての基礎となるのは、まずごく基本的な腹式呼吸です。

指導の際、多くの人が腹式呼吸を自信を持って実践しているように見えますが、実際にチェックすると、ほとんどの人が胸式呼吸になっているか、あるいは呼気または吸気の動作に不自然さが見受けられます。まず、腹式呼吸の基本を確認しましょう。

腹式呼吸では、横隔膜が積極的に動かされ、吸気時にお腹が膨らみ、呼気時にはしぼむという特徴があります。

具体的には、吸気時に横隔膜が収縮して下降し、胸腔が広がることで肺が膨らみ、同時に腹圧が上昇して腹壁が外側へと押し出される動作が行われます。呼気時には、横隔膜の収縮が緩み、胸腔が狭まることで肺が収縮し、空気が排出されるとともに腹圧が下がり、腹部がしぼむという受動的な動作が伴います。

もし、横隔膜の動きが不十分であれば、胸鎖乳突筋や斜角筋などの呼吸補助筋が無意識のうちに代償的に働いてしまい、正しい腹式呼吸が妨げられます。

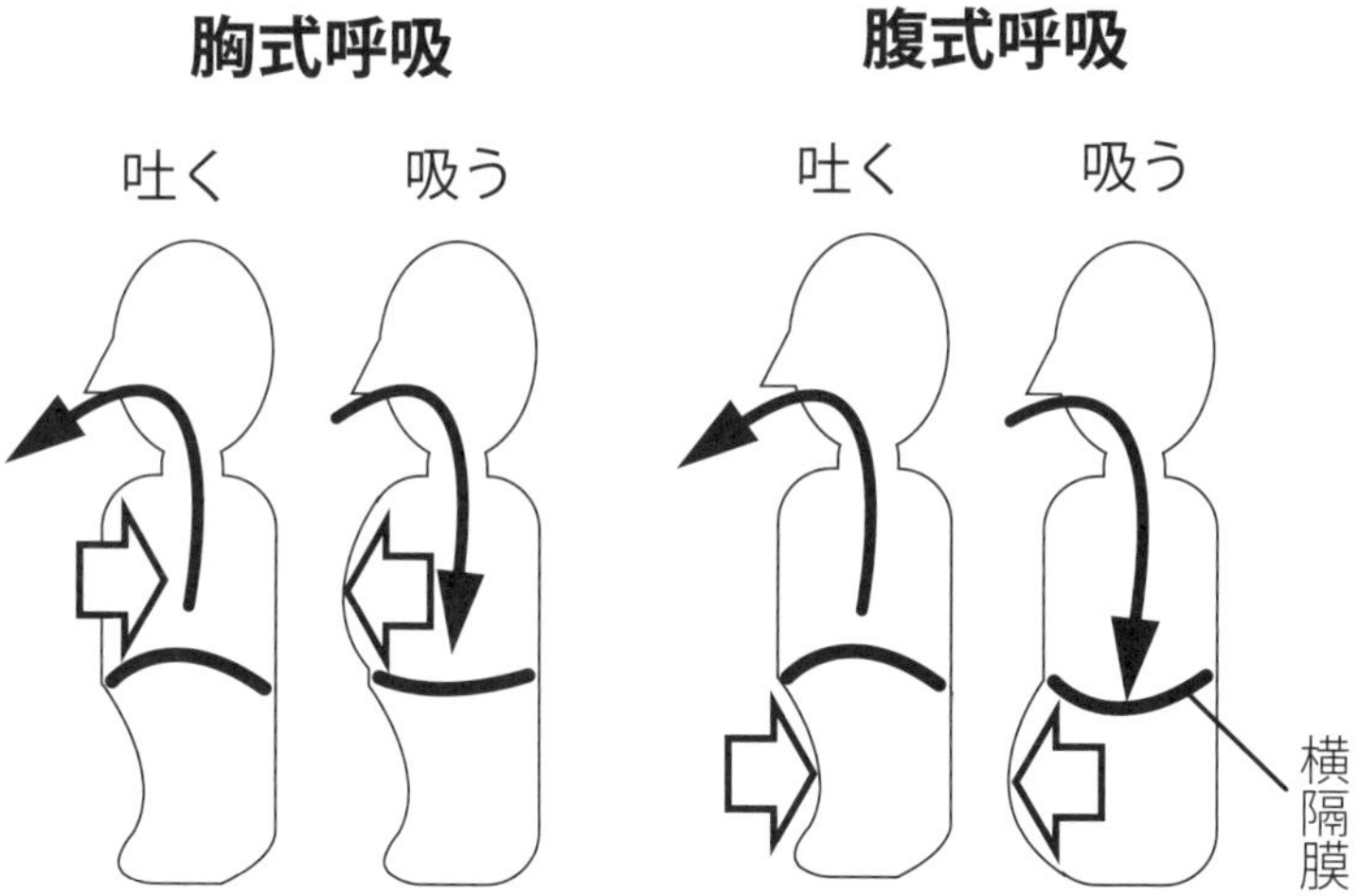

　一方、胸式呼吸は胸郭を主体に行われるため、肩が大きく動き、胸が前面に広がるという特徴があります。この呼吸法に頼ると、深い腹式呼吸ができず、無意識のうちに胸を張りすぎる傾向が生じ、腰の反りが強調されることでニュートラルな姿勢が崩れ、大腰筋など体幹の重要な筋群の働きが低下してしまいます。

　また、呼吸の癖は日々の呼吸習慣に大きく影響され、特に鼻呼吸と口呼吸の違いが顕著です。鼻呼吸では、鼻腔を通る空気が湿潤化されることで横隔膜の活動が自然に促進され、結果として自然な腹式呼吸が維持されやすくなります。対して、口呼吸で大きく息を吸い込むと、胸郭が大きく広がりやすく、横隔膜の動きが抑えられて胸式呼吸に偏ってしまうことが多く、これがさらに横隔膜の働きを低下させる要因となり

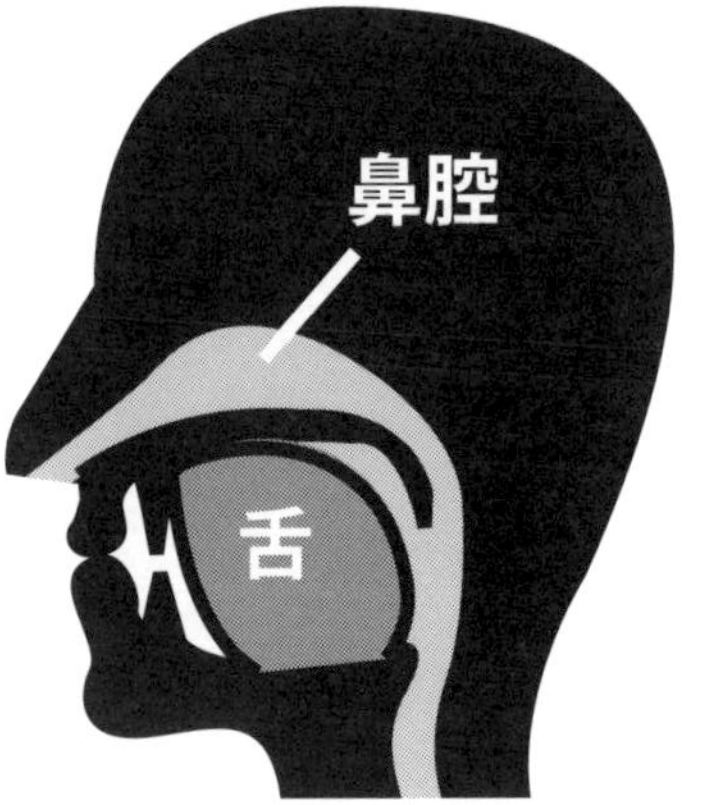

舌は上顎に触れておくのが正しい位置。自然に口呼吸が抑えられ、鼻呼吸へ移行しやすくなる。

ます。実際に大きく深呼吸を試みると、鼻呼吸を意識することで自然とお腹がしっかりと膨らむのを体感できるでしょう。

さらに、呼吸と姿勢には舌の位置も深く関係しています。舌を上顎に軽く触れさせておくことで、口呼吸を防ぎ、自然に鼻呼吸へと移行しやすくなります。また、舌の位置が正しいと、頭部が整いやすくなり、脊椎の自然なカーブ、すなわち生理的弯曲が保たれるため、全体の姿勢が安定します。たとえば、スマホを見る際に首が前に傾くと舌が下垂しやすくなりますが、意識的に舌を上顎にしっかりつけることで、自然と正しい前向きな姿勢が促進され、呼吸と連動して体幹も安定するのです。

以下のチェックを実施してみてください。

① 胸や肋骨をほとんど動かさずに、深く呼吸できているか確認する。

② 吸気時にお腹が前後左右に大きく膨らみ、呼気時には全体的にしぼんでいるか確認する。

腹式呼吸の習得は必須条件です。
これをしっかり理解してから次のステップに進みましょう。

2 鳩尾の緊張と呼吸

腹式呼吸と正しいリラックスを習得するための練習法を紹介します。これは姿勢の強化だけでなく、自律神経のバランスを整え、体全体の状態に大きな影響を与える重要なトレーニングです。

体をリラックスさせることに関して、多くの方が試行錯誤されていると思います。無駄な緊張は肉体的にも精神的にも悪影響を及ぼしますが、適度な緊張は必要です。自律神経は「交感神経」と「副交感神経」の二つから成り、それぞれ体の緊張とリラックスを制御しています。

- **交感神経：「闘争か逃走か」の反応を司り、心拍数や血圧を上昇させ、筋肉を緊張させる。**
- **副交感神経：休息と回復を司り、心拍数や血圧を低下させ、体をリラックスさせる。**

このバランスが崩れると、過度な緊張状態が続き、身体操作にも影響を与えます。多くの人は交感神経が過剰に働き、リラックスが不十分な状態です。

体の緊張状態を把握するには、「鳩尾《みぞおち》」に注目しましょう。鳩尾は感情やストレスの影響を受けやすい部位で、自律神経や消化機能の調整に深く関わります。緊張が強いと、ここが硬くなり、不快感を覚えることがあります。

特に腹式呼吸を実践する際、多くの方は腹圧を意識しすぎて、鳩尾周辺を緊張させがちです。しかし、息を吐く際には、腹筋だけでなく鳩尾もゆるめることが重要です。この状態を保てる人は少なく、多くの人は無意識に緊張させてしまっています。

理想的な鳩尾の状態とは、完全に脱力するのではなく、「必要な緊張」と「不要な緊張」のバランスを取ることです。全身をぐったりさせるのではなく、必要な緊張を維持しながら鳩尾をゆるめることが求められます。

具体的な練習法を紹介しますので、現在の緊張状態を確認しながら実践してみてください。

この練習は簡単にでき、徐々に体の緊張を解いていく効果があります。


〈方法〉

① 木の棒などを用意

② 鳩尾に棒を当て、息を吐きながらゆっくりと押し込む。お腹が凹むと同時に棒が深く入るよ

腹式呼吸練習法

鳩尾に棒を当て、息を吐きながらゆっくりと押しこむ。お腹が凹むと同時に棒が深く入るようにする。

息を吸い、お腹が膨らむのに合わせて棒を押す手を緩める。

うにする。

③ 息を吸う時は自然な腹式呼吸でお腹が膨らむのに合わせて棒を押す力も緩める。

痛みがないか、棒が柔らかく深く入るかを確認します。このとき背中を丸めないように注意してください。

背中を丸めて鳩尾を凹ませても正しいチェックになりません。あくまで背筋を伸ばしたまま鳩尾を緩めますので、壁に腰と背中をつけると姿勢を保ちやすいでしょう。

背筋を伸ばすには「適度な緊張」が必要ですが、鳩尾は柔らかく保ちます。理想的な状態になると、棒が痛みや不快感もなく深く入り込むようになります。さらにお腹を締めることで棒を弾き飛ばせるほどになります。この「締める」と「緩める」のコントラストが重要です。

最初は難しいかもしれませんが、焦らず続けていくと、徐々に柔らかくなります。私は昔、鳩尾の凝りや緊張をチェックする目的でサランラップの芯を車の運転席に置き、赤信号で止まった際に姿勢を伸ばしながら鳩尾を押す習慣をつけていたものでした。

鳩尾の緊張が抜け、お腹の表面が柔らかくなると、正しい姿勢を作りやすくなり、体のパフォーマンスも向上します。

まずは、この基本の呼吸をしっかり習得し、先へ進んでください。

3 呼吸と腹圧の関係、インナーユニット

呼吸に大きく関わる横隔膜、骨盤底筋、腹横筋の働きについて、そしてこれらの筋肉がどのように腹圧をコントロールしているかを詳しく説明します。鍵を握るのが「インナーユニット」と呼ばれる体幹深層部の筋肉群です。特に呼気の際にインナーユニットが果たす役割は、身体の安定性や運動のパフォーマンスに大きな影響を与えます。

①横隔膜の働き

横隔膜は、呼吸のメインの筋肉で、胸とお腹を分けるドーム状の形をしています。息を吸うとき、横隔膜が下に動いて胸のスペースが広がり、肺に空気が入ります。逆に息を吐くときには、横隔膜がリラックスして元の位置に戻り、胸の中のスペースが小さくなって肺から空気が押し出されます。さらに、横隔膜は腹圧を調整する役割も担っています。横隔膜が下がることでお腹の中のスペースが狭くなり、腹圧が高まります。これによって、体幹が安定し、姿勢の維持や重いものを持つときのサポートになります。

②腹横筋の働き

腹横筋は、お腹の奥にある筋肉で、まるでコルセットのようにお腹全体を覆っています。この筋肉は呼吸だけでなく、腹圧の調整にも重要です。息を吐くとき、腹横筋が収縮して腹圧を高めます。この腹圧が横隔膜を押し上げ、息をしっかり吐き出せるように助けます。また、腹横筋が収縮することで内臓を安定させ、体幹が強く保たれます。特に、重いものを持ち上げるときや姿勢を保つときに役立ちます。

③ 骨盤底筋の働き

骨盤底筋は骨盤の底に位置していて、内臓を下から支える筋肉群です。横隔膜や腹圧と連動して働くのが特徴です。息を吸うときに横隔膜が下がると腹圧が高まります。この圧力が骨盤底筋に伝わり、骨盤内の臓器が押し出されないようにしっかり支えるのが骨盤底筋の役割です。骨盤底筋が弱いと、咳やくしゃみをしたときに尿漏れが起こることがあります。

④ 多裂筋の働き

背骨を安定させる筋肉で、微細な調整を行いながら姿勢を保ちます。

適切に腹圧が保たれることで体幹が安定します。「インナーユニット」は協力し合い、腹圧をバランスよく保っています。呼気時にインナーユニットがしっかり機能すると、体幹が安定し、動作のパフォーマンスが大きく向上します。

各筋肉の働きによる腹圧への影響をまとめると、

① 息を吸う時の腹圧

横隔膜の収縮によって生じます。お腹は膨らみます。

息を吸うとき、横隔膜が下がって胸のスペースが広がり、肺に空気が取り込まれます。この動きによってお腹の中の容積が減り、腹圧が高まります。このとき腹横筋や骨盤底筋は若干緩みつつ内圧の高まりを支えます。

② 息を吐く時の腹圧

横隔膜の弛緩と、同時におきる横隔膜以外のインナーユニット筋群の収縮によって生じます。お腹は凹みます。

自然な呼気は、横隔膜が弛緩し、肺内の空気が自然に外へ押し出されるプロセスです。このとき、腹横筋や骨盤底筋が軽く活動し、腹圧を適切に保ちます。咳やくしゃみ、大声を出すといった強制的な呼気では、インナーユニットが一層活発に働きます。この腹圧が横隔膜を上に押し上げ、息を効率よく吐き出すのを助けてくれます。

腹圧というと、お腹を張って内圧が高まることだと思われがちですが、それだけでは無いのです。

秀徹では、特に呼気時の腹圧の働きを重視しています。

強い呼気、すなわち努力呼気の際には、腹横筋や腹斜筋、骨盤底筋が内側から体幹を締め付け、腹腔内の空間を強制的に狭めます。この収縮により急激な腹圧の上昇が実現し、まるで内側からコルセットで体を締め付けるかのような効果をもたらします。

一方、多裂筋は背側から脊柱を固定する役割を担い、前後・左右の不均衡な力のかかりを防ぎます。こうした前後左右のバランスが保たれることで、体幹全体の硬い一体化が促進され、上昇した腹圧は、腰椎周辺に均一な圧迫を加え、脊椎の自然な彎曲を維持しやすくします。また、この圧迫力は上半身と下半身を一体化させ、力の伝達を効率的にする硬い筒状の構造を形成します。

4 呼吸の鍛錬

これまで解説してきたように、インナーマッスルは「意識的に活動を引き出すことが難しい」という特性があります。では、何がその動きを引き出すのでしょうか。その鍵となるのは、先に述べた「最深層（腰椎の直接的安定）」と「中間層（インナーユニットによる腹圧調整）」を鍛えるためのアプローチ方法にあります。

これまで解説してきた『伸び』は第一の「最深層」を鍛えるものであり、呼吸は第二の「中間層」を鍛えるものとなります。

私たちが日常的に行っている呼吸ですが、秀徹では、この呼吸に関与する筋肉を、力の発揮に不可欠な要素として活用しています。そのためには、呼吸筋を特別に鍛錬する必要があります。

普段の呼吸は最低限の筋肉の働きで効率的に行われているため、力を最大限に発揮するにはそれだけでは不十分なのです。

たとえば、息を吸うとき（吸気）には横隔膜の収縮が必要ですが、横隔膜は意識して強く収縮させなくても自然に働きます。生命活動に必要なレベルで呼吸筋が働いていれば、全力で呼吸を行う必要はありません。呼吸筋はあくまで呼吸を目的として働いているため、普段はその収縮に意識を向けることはほとんどありません。

息を吐くとき（呼気）も同様に、横隔膜がリラックスして緊張が解けると上昇し、これにより胸郭が自然に縮み、肺がしぼみます。力を入れて吐き絞るわけではなく、横隔膜がリラックスするだけで、自然に息を吐く状態となります。日常では、吸気時に横隔膜が収縮し、呼気時にはリラックスするため、息を吐く行為にはリラックスの側面が強いと感じられるでしょう。

一方、強く息を吐く動作を「努力呼吸」と呼びますが、そのような強い呼気を行う場面はあまり多くありません。また、この『努力呼吸』の際には、横隔膜のリラックスに連動して、体幹の深層筋の協調的かつ積極的な収縮によって呼気が生み出されます。これらの呼吸筋は、呼吸時だけでなく姿勢の安定においても重要な役割を果たしますが、通常は無意識に働いているため、強い収縮感を感じることはほとんどありません。

このように、呼吸筋は日常的な呼吸や姿勢の安定においては強い収縮を必要としませんが、秀徹では、これらを力の発揮に重要な要素として積極的に活用します。つまり、日常における自然な収縮とは異なり、より積極的に、いわば意図的に引き起こされる収縮を通じて、力強さを創り出していくのです。

そのため、日常生活では十分に鍛えにくいこれらの筋肉を、特別なアプローチで強化する必要があります。息を吸う際の筋肉、息を吐く際の筋肉、それぞれを意識的に強化し、いわばウェイトトレーニングで体を鍛えるように、呼吸筋や深層筋も徹底的に鍛錬していくのです。

私は呼吸に伴う体の動きについてかなり深く研究してきましたし、呼吸を鍛錬することを常に重要視してきました。正しい姿勢を作ることと、同時に呼吸を鍛えるということは、秀徹の大きな柱の一つ、秀徹の身体操作の根幹だと考えています。

呼吸に伴う呼吸筋の働きと、それが身体に及ぼす影響というものを理解を深めることが大切です。そして、この呼吸筋を、私はいわゆる筋力トレーニング、と全く同じレベルで取り組んでいます。むしろ、アウターマッスルを鍛えることよりも、この呼吸筋のトレーニングをより重要視しています。

呼吸筋のトレーニングは、武道の練習をしていても、それぞれの呼吸筋の発達の度合いなどは目に見えてわかるものではありませんが、この筋肉の鍛錬の深さは、実は技の威力などにも大きく影響していますし、「なぜかわからないが力が強い」とか、「地力が強い」とか、「姿勢の力が強い」とか、「体の芯が強い」とか、様々なところでこの呼吸筋というのは強く影響しています。

なぜなら、呼吸筋というのは呼吸に働く筋肉でもあり、同時に体幹を安定させる体幹深層筋としても働く筋肉であるからです。呼吸筋と言うと、息を吸う力、吐く力だけに影響するものと思われがちですが、呼吸筋が関係する機能のうちの一つと考えた方がよく、呼吸と同時に体を安定させるということにも深く関係しています。

私が推奨しているのは、専門の呼吸筋を鍛えるようなトレーニング機器を使ったトレーニングです。それによって負荷を調整したりして、他のアウターマッスルの筋肉トレーニングと同様に少しずつ強めていったりして、その筋肉の発達を正しく把握して進めていくことができます。漠然と強く息を吸ったり吐いたりするよりは、適切な抵抗を与えて筋肉に負荷をかけて鍛えていく方が効率的です。

まず考えなければいけないのが、息を吸う筋肉（吸気に関係する筋肉）と、息を吐く筋肉（呼気に関係する筋肉）とは、それぞれ別々の筋肉の働きが関与しているということです。ですので、漠然と息を吸う筋肉だけを鍛えていても、吐く筋肉は鍛えられませんし、また逆も同じです。吸う筋肉のトレーニング、吐く筋肉のトレーニング、それぞれをトレーニング機器を使って鍛えていくことが大切です。

市販されているトレーニング機器がいろいろありますので、本当はそれを使うことが望ましいですが、簡易的に身近なもので代用するとしたら、細いストロー（普通のストローより穴の小さいストロー）を口にくわえて、それで呼吸をする。それだけでも、ある程度空気の入りを制限することによって、呼吸筋への抵抗が高まりますので、何もなければそのような工夫でやっていただくのも良いかと思います。

さて、吸気と呼気のトレーニングについてですが、初級のうちは特に呼気のトレーニングが重要だと考えています。

息を吸う際には、呼吸筋が全く働かずに吸うことは不可能であり、肺を広げるためには必ず横隔膜などの筋肉が収縮する必要があります。そのため、日常的な呼吸の中で息を吸うたびに横隔膜が収縮し、少なからず緊張が生じています。

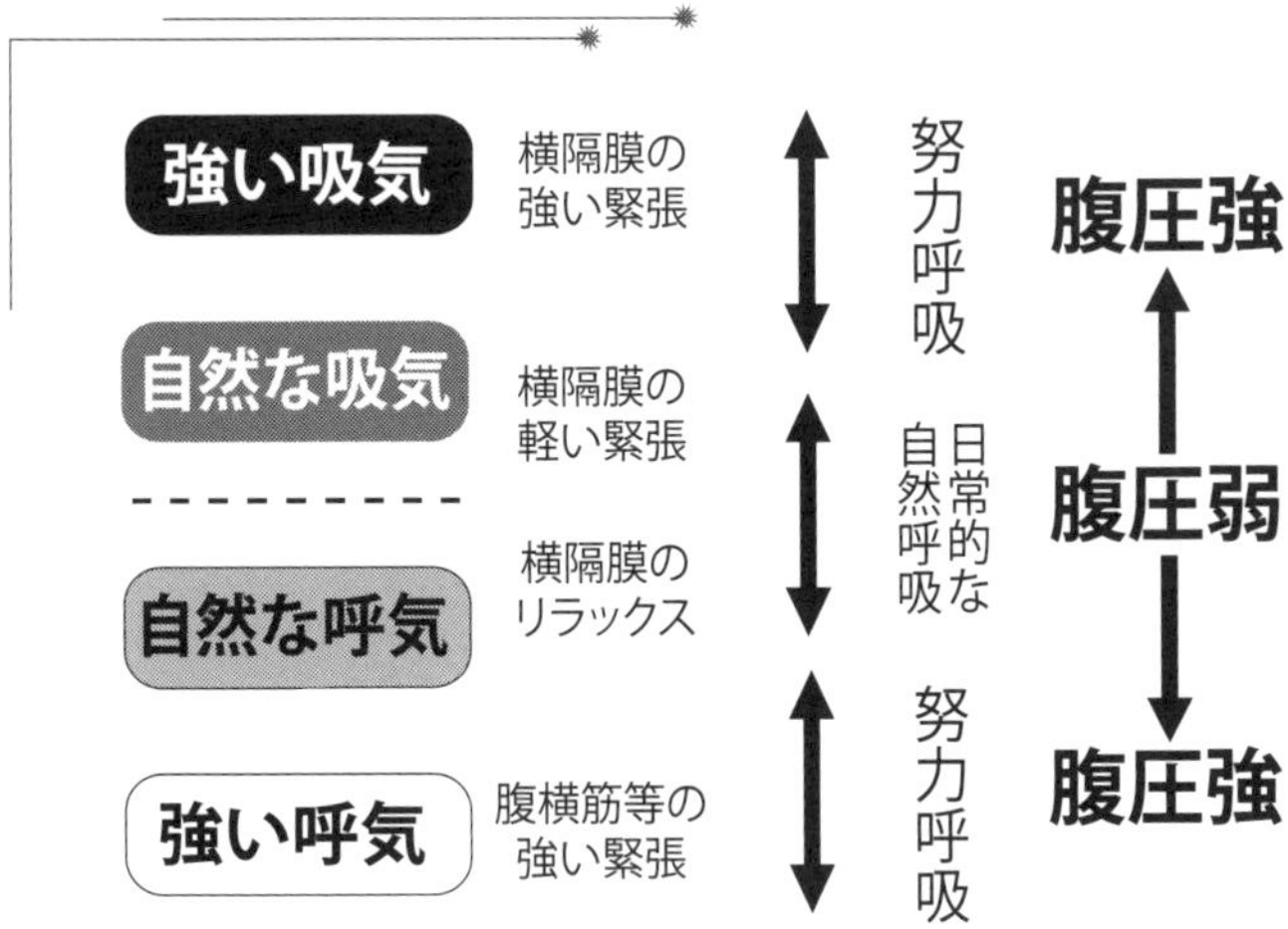

一方、息を吐くときは、息を吐くための筋肉がそれほど収縮しなくても、吸気時に収縮していた横隔膜がリラックスして上に戻るだけで、ある程度呼吸が可能です。つまり、横隔膜がリラックスするだけで息が自然に外に漏れ出るため、日常的な自然呼吸では、息を吐く際に筋肉の大きな収縮は必要ありません。このため、リラックスして息を軽く漏らすときには、ほとんど筋肉の収縮は起きていないのです。

むしろ、横隔膜のリラックスの動きを活用して自然に息を吐くのが、一般的な呼吸の特徴といえます。そのため、リラックスする動きは、ゆっくりと息を吐く行為と関連付けられることが多いでしょう。しかし、強く息を吐き絞る場合には、特定の筋肉が活発に働きます。例えば、風船を膨らませたり、細いストローから息を吐き出したり、気合を込めて強く息を吐く際などがそれに当たります。こうした強調された呼吸動作は「努力呼吸」と呼ばれ、通常の自然呼吸とは異なる筋肉の使い方を必要とします。

このような強い呼気を可能にする筋肉は、日常の呼吸ではあまり活動しませんが、姿勢の安定が求められる場面などで無意識に使われることがあります。そのため、呼気筋を鍛えるには、意識的かつ特別なトレーニングが必要です。特に関連が深い筋肉としては、腹横筋や骨盤底筋、背中の多裂筋などが挙げられます。これらの筋肉は胴体内部の空間を支える壁のような役割を果たします。加えて、私は大腰筋や腸腰筋も強い呼気に関与していると体感的に感じています。


息を吐く力は、日常では他人と比べる機会が少ないため、自分の能力を把握しにくい要素です。しかし、私が愛用している最高負荷の呼吸筋トレーニング機器を秀徹の会員さん達にも試していただいたところ、私の呼吸筋は、一般的なレベルよりも遥かに発達しているようです。

この呼気筋（息を吐く筋肉）の鍛錬は、秀徹の身体能力を理解し、引き出すために不可欠な要素です。技の威力を高めるだけでなく、ボディーへの攻撃への耐性、いわゆる「打たれ強さ」にも直結します。ちなみに、対になる吸気筋（横隔膜）も姿勢制御に関与する重要な働きを持っており、これを応用したトレーニングは、秀徹のカリキュラムにおいて高度な応用編として存在します。

市販のトレーニング機器が手に入らない場合でも、まずは細いストローのようなもので代用することが可能です。ぜひ、日々のトレーニングに取り入れてみてください。

5 腹パンチに耐える方法

私は腹のパンチを受ける耐性もかなり鍛えており、よく驚かれます。

普通の人の全力のパンチやキックは腹で受けても耐えることが出来ます。

打たれ強い腹を作るには、肉体的要因と精神的要因、両方の側面があります。

まず肉体的要因について解説します。

単純に、拳が腹筋繊維に当たる衝撃による表面的な痛みがあります。これは避けられないものですが、この衝撃が甚大なダメージを引き起こすことはあまりありません。それよりも深刻なのは、腹の奥深く、内臓付近にダメージが及ぶことです。

一般的には、腹直筋などお腹の表面の筋肉が衝撃を防ぐように思われますが、この筋肉は防御にはそれほど役立ちません。シックスパックの見事な腹筋を持つ人であっても、パンチの衝撃に耐えるにはそれほど有効ではないのです。

このダメージを防ぐ鍵となるのが、腹筋群の中でも最深層に位置する腹横筋の働きです。この筋肉は〝胴体のコルセット〟とも称される重要な筋肉であり、秀徹の身体操作においても非常に重視しています。

先ほど解説した「中間層」のトレーニングによるインナーユニット筋肉群の強化が有効です。

実は、この筋肉を十分に鍛え込めている人は多くありません。その理由は、腹横筋が神経系の支配を受けやすいインナーマッスルであり、意識的な動きでは十分な活動を引き起こしにくいからです。鍛えているつもりでも、実際には別の筋肉が動いている場合が多いのです。

腹横筋が活躍するのは強く息を吐くときです。したがって、この筋肉を鍛えて打たれ強くするためには、呼吸筋としての働きを意識したトレーニングが非常に有効です。

そして、精神的な要因――実はこれが非常に大きな影響を及ぼします。

腹部でも特に鳩尾にパンチを受けた痛みは、耐え難いという人が多いでしょう。腹部や、特に鳩尾への衝撃が引き起こす苦痛や痛みは、必ずしも物理的な損傷の程度を反映しているわけではありません。むしろ、神経系の過敏な反応が痛みを増幅させる主要因となっているのです。

鳩尾周辺には迷走神経が集中しており、衝撃によってこの神経が刺激されると、自律神経系が過剰に反応します。身体が「危険」を過大に解釈し、過剰な警告を発しているため生じるものであり、実際の損傷よりも神経の過剰反応による「痛み」が支配的と言えるでしょう。

さらに、衝撃は横隔膜にも影響を及ぼします。横隔膜は反射的に緊張し、呼吸が困難になる「息

が詰まる」感覚を引き起こす可能性があります。この生理的な反応は、心理的な恐怖感やパニックを助長し、痛みを増幅させる一因となります。

鳩尾は体幹の中央に位置し、非常に敏感な部位です。そのため、鳩尾への衝撃は、予測不能な出来事への驚きや恐怖といった心理的な影響を伴います。

この心理的な衝撃は、神経反応をさらに強め、痛みを過剰に感じさせる原因となります。

また、鳩尾周辺には胃や肝臓などの内臓が位置しており、これらの臓器は神経が豊富で、直接的な損傷がなくても、圧迫や刺激によって過敏に反応します。特に胃はストレスに敏感な臓器であるため、緊張状態では痛みがより強く感じられる傾向があります。

つまり、鳩尾への衝撃による痛みは、実際の物理的ダメージと神経系の過剰反応、そして心理的な影響という複雑な要因が絡み合って生じているのです。実際の損傷に加えて神経系の過敏反応が強まり、痛みや不快感が増幅されます。

こうした過敏な神経反応を抑えるためには、肉体的には呼吸の動きを使った腹横筋の強化による衝撃吸収能力の向上と、少しずつ打たれ慣れていくことで、神経的に過剰に痛みを増幅させないように耐性を上げていくことが必要です。

「打たれ慣れる」と聞くと、信じ難いかもしれません。しかし、秀徹の稽古会では、皆さんが驚くほど打たれ強くなっていくことが実証されています。ただ痛みを与えて耐えるのではなく、耐えられる強度で少しずつ慣らしていく方法を取ります。こうすることで、成功体験を重ねながら徐々に抵抗感をなくしていく、というアプローチが適切だと考えています。

6 「下腹部を膨らませる強い呼気法」の問題点

ここで、会員への指導において何度も繰り返し注意している、重要な点について触れておきます。呼気に伴う体幹の安定を目的とした「逆腹式呼吸」や「丹田呼吸」と呼ばれる、息を吐く際に下腹部を膨らませ続けるメソッドを実践する人が、特に長期間武道やスポーツに取り組む方々の間で多く見受けられます。

呼吸による腹圧を利用した体幹の安定は非常に重要な技術であり、このプロセスには腹横筋、内腹斜筋、外腹斜筋、腹直筋、横隔膜、そして骨盤底筋群が連携して働くことが不可欠です。しかし、下腹部を膨らませながら呼気する方法を行うと、これらの筋肉のバランスが崩れ、結果として体幹の安定性が低下する可能性があります。

下腹部を意識的に膨らませると、主に腹横筋が収縮して腹圧が高まりますが、その状態では内腹斜筋や外腹斜筋の活動が抑制されやすいと指摘されています。また、下腹部を前方に押し出す動作は、腹腔内圧の分布を不均等にし、体幹全体の剛性を損なう恐れがあります。

横隔膜は呼気時には弛緩して上方へ戻ることで腹横筋や骨盤底筋の収縮を促します。しかし、下腹部を膨らませながら息を吐くと、横隔膜の自然な弛緩が妨げられ、その結果、腹横筋や骨盤底筋の働きが弱まるのを、私自身も実感しています。

総じて、体幹の安定性を最大化するためには、腹横筋、内外腹斜筋、骨盤底筋、横隔膜などがバランスよく連動することが重要です。

また、決定的な問題点として、「伸びる姿勢」と「下腹部を張ったまま息を吐く」動作が互いに干渉することで、本来引き出されるべき最深層（大腰筋や多裂筋）の収縮が得られず、腰椎の固定的安定が損なわれる点には、特に注意が必要です。

いくら正しい姿勢を整えて腰椎周りの固定ができたとしても、お腹を張って息を吐くことで姿勢が完全に崩れ、重みや威力が失われるという点については、会員への指導で何度も強調してきました。この「張って力む癖」はなかなか改善が難しく、皆さんも非常に苦労されています。

こうした理由から、秀徹ではこの「下腹部を膨らませながら呼気する」方法は採用していません。

第4章

弩級のパンチを打つための運動力学

来るとわかっていても耐えられない破壊力は、圧倒的な支配力を発揮する武器になります。

1 パンチの威力を高めることの目的

これまで解説してきた秀徹の身体操作を生かして、いよいよパンチの威力を強くする方法について解説します。

多くの打撃強化理論は、威力を高めるための要素を足し算的に考えています。例えば、「腕を伸ばすための上腕三頭筋を鍛える」「腕を前に出すための大胸筋や肩の筋肉を鍛える」など、必要と思われる力を次々と増強する考え方です。しかし、秀徹のアプローチは異なります。

この考え方の出発点は、全身の筋肉が発達すればパンチ力が強くなるという単純な仮説が、武道や格闘技の実践では必ずしも成り立たないという疑問でした。ウェイトトレーニングで鍛えた筋力と、実際のパンチの威力は必ずしも一致せず、むしろ一致しないことが多いのです。

では、何がパンチの威力を本当に高めるのでしょうか？秀徹では、人の体には強いパンチを打つのに不合理な部分があり、どれだけ鍛えても体内で威力が逃げてしまうロスが生じていると考えています。水を貯める容器にひびがあれば、注いだ水は漏れてしまいます。パンチ力も同様で、どこかで力が逃げてしまえば発揮されません。

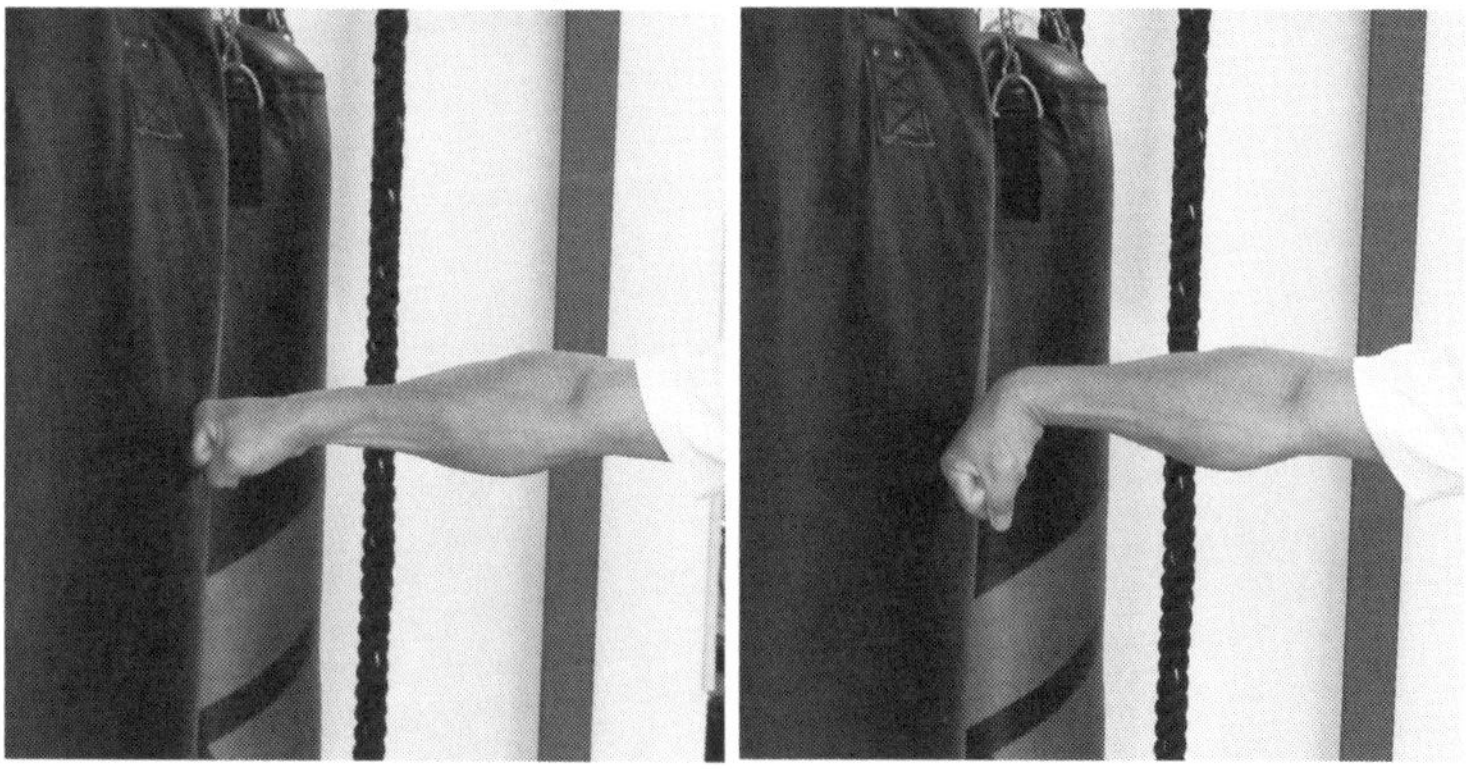

日常生活では問題にならなくても、強いパンチを打つという特殊な要求には不都合な部分があり、まず力が逃げる箇所を塞ぐ必要があります。その主要な箇所が、これまで解説してきた「体幹」と「手首」です。特に手首は、パンチが当たる瞬間にぐにゃっと折れ曲がることで威力が逃げてしまいます。この対策法はここでは割愛します。

重要なのは、力を発揮する際に体内で逃げてしまう箇所があり、そこを丁寧に補修する作業が、秀徹におけるパンチ力向上メソッドの基本であるということです。

驚くほどのパンチ力を持つ人は、実際にはごく少数です。「止まっている相手に効かせても意味がない」という批判がありますが、これは我々の目的を誤解しているために生じるものです。打たれ強い屈強な体を持つ人（例えばフルコンタクト空手の選手）にでも効かせられるパンチを打つことこそ、威力の質と完成度を試す上で最も難しい課題なのです。

威力のあるパンチも当たらなければ意味がありません。逆に高度に当てるテクニックがあれば、打撃力が弱くても相手を倒すことは可能です。例えば、KO率9割の選手と7割の選手がいた場合、KO率が高い方が必ずしもパンチ力が強いとは限りません。

しかし秀徹では、「戦う装備としての武器の威力」に特化して人体に確実に効く破壊力を持ったパンチを追求しています。当てる技術まで含めると、純粋な身体操作の限界と可能性の探求に集中できなくなります。そこで、「止まっている相手に、耐えることができる体を持った人間にさえ効くパンチ」を目指しているのです。

「止まった相手にパンチを効かせるのは簡単」と思っている人は、本当に鍛え上げた人間に効かせる難しさを理解していないのでしょう。もちろん、不意に顔面を叩かれれば誰でも効きますが、来ると分かっているボディへのパンチは、ある程度鍛えた人ならよほどの威力が無ければ効きません。

キャリアを積んだ秀徹の稽古会の会員さん達は、通常のレベルのパンチを腹に受けても平気で耐え抜いてしまいます。

組み合った際など持続的な力の発揮においては、多少インナーマッスルの活動が不十分でも、アウターマッスルのパワーはある程度有効です。なぜなら、パンチほど瞬間的な反応速度が求められないからです。しかし、パンチのように瞬発的な力を発揮する際は、姿勢の連動、そして特にインナーマッスルの働きや神経系統の働きが最も重要な鍵となります。

秀徹では、身体操作の完成度を、強い打撃を生み出せるかどうかで測ります。言い換えれば、パンチの威力は、身体操作の習熟度、運動連鎖のスムーズさ、インナーマッスルの効果的な活用レベルなどを測るためのバロメーターである、ということです。

突きは拳を前に突き出す動きです。では、例えば、拳を引き戻す力、綱引きのように逆方向に力を発する時や、蹴りのように足から力を出す時にも、「秀徹」の身体操作は有効なのでしょうか？

結論から言うと、答えは「はい」です。体幹の使い方を習得すれば、腕を引く動き、左右に動かす動き、足を振り出す力など、手足の末端から出る力全てが向上します。

一般的に、腕を前に出す動きには、肘を伸ばす筋肉（上腕三頭筋）や胸の筋肉（大胸筋）が必要とされ、逆に引っ張る動きには、上腕二頭筋や背中の筋肉（広背筋）が必要だと言われます。つまり、動きによって必要な筋肉も変わってくると考えられています。

しかし、「秀徹」で重視する体幹の役割は、体の安定です。安定が生まれることで、手足から発揮できる力が向上するのです。これは、どの筋肉を使うかという考え方では理解しにくい概念です。

例えるなら、ヌルヌルした地面の上に立ってパンチを出す場合を想像してみてください。足の摩擦力が働かないので、どんなに力を入れても、強い力を発揮することはできません。なぜなら、安定して立つというベースがないからです。

逆に、スパイクのような滑り止めが付いた靴を履いて安定した場所に立てば、途端に強い力が発揮できます。これは、前だろうが後ろだろうが、どの方向でも同じです。

あるいは、揺れる船の上で力を出すのと、安定した床の上で力を出すのを想像しても同じです。安定しているかどうかで、すべての力の出方が大きく変わるということです。

極端な例を挙げると、安定と不安定の違いは容易に想像できますが、実際には力を発揮する際に、体に不安定要素があることを自覚しにくいのです。

私はよく、パフォーマンスとして、パンチだけでなく、引き合う動作の力も変わることを示します。例えば、お互いに右手をつかみ合って、足をしっかり踏ん張って立ち、綱引きのように引き合う検証を行います。

私より10キロも20キロも大きく、鍛え上げられたアスリートとやっても、私が簡単に引き勝つことができます。これは、腕の力や背中の力だけで勝負しているのではなく、立った姿勢における体の安定性が大きく影響しているからです。私の体は、他の人よりも安定した立ち方ができているため、全身が統一して力を発揮できます。

結果的に「秀徹」のメソッドは、パンチ力アップだけに役立つものではありません。体を使うあらゆる動作、あらゆる力を発揮する作業が効率的になるため、格闘技や武道だけでなく、スポーツ愛好家や激しい肉体労働に従事している方にも効果を実感してもらえるでしょう。

2 丹田から力が出るパンチ

強いパンチを打つには、全身がしっかりまとまっていることが大切です。これはできるだけ多くの筋肉が協力して力を出すということです。この筋肉の連鎖を運動連鎖と言います。

ひとことで「全身の連動」といいますが、これは、何を目的とするかによって方法は全く違ってきます。

例えば、手先や足先に最大限のスピードを生み出すことが目的であれば、体幹から末端への運動連鎖によって加速的な体使いが有効になります。

運動連鎖というのは、キネティックチェーンという言葉で知られていますが、このキネティックチェーンは、オープンとクローズド2種類に分類されます。

キネティックチェーンについては、皆さんご自分で調べて頂きたいと思いますが、ごく簡単な説明だけしておくと、オープンキネティックチェーンというのは、動く末端部分、例えば手や足が固定されていない、自由度のある運動です。体幹から末端に向かう傾向があり、おそらく多くの方が、運動連鎖と聞いてイメージしやすいのがこの運動形態だと思います。

鞭のようにしなる連動、波動、のような連鎖です。

対して、クローズドキネティックチェーンとは、運動する部分の末端が固定されている場合に起こる運動連鎖です。このときの連鎖の順番は、先ほどのオープンとは逆方向に起こります。固定された末端（例：足）が地面から力を受け、それが各関節を通じて全身に伝わります。この連鎖が適切に行われることで、効率的な運動が可能となります。末端から体幹へと運動連鎖が起こるため、最終的に胴体（コア）が安定する必要があります。

では、それぞれの連鎖において筋肉がどのように稼働するのかをごく簡単に比較します。

オープンキネティックチェーン

オープンキネティックチェーンとは、末端部分（例えば手や足）が固定されていない自由度のある運動を指します。体幹から末端にかけての連動を説明すると、可動する筋肉が中心から末端にかけて順番に移動していくという運動連鎖が行われます。運動の連鎖と聞いてイメージしやすいのが、このオープンキネティックチェーンの運動形態でしょう。波動のように筋肉が順次動いていく連鎖です。

この連鎖では、主に収縮する筋肉の部位が移動していき、強く収縮する筋肉が連続的に作用します。このため、どの筋肉をどのように動かすかが非常にイメージしやすく、コントロールが効

オープンキネティックチェーンの例

手足など、末端部分が自由度の高い連動。稼動が体幹から手足先に移っていくような、“ムチ”のような動きが一例。

きやすい動きです。特定の筋肉を狙って鍛える場合、この形態は非常に適しています。

連動というと、体をしならせるように中心から末端にかけて波のように手足を動かすイメージが浮かぶかもしれません。この運動連鎖はスピードを出すことには向いていますが、大きな質量を動かす運動には適していません。

たとえば、顔面へのパンチなどのように、対象の質量が小さい場合は、大きな力を出さずともスピードだけで十分に威力を発揮します。しかし、中段突きのように重さがなければ内部に威力が伝わらない場合、スピードだけでは効果が不十分です。強い力を発揮するには、次に説明するクローズドキネティックチェーンが鍵となります。

クローズドキネティックチェーン

クローズドキネティックチェーンとは、「運動する末端部分が固定された状態で生じる運動連鎖」を指します。スクワットやプッシュアップが代表例です。

この連鎖の順番は、オープンキネティックチェーンとは逆方向に起こります。動きが波のように伝わるのではなく、瞬間的に末端から体幹に向けて、連なるように筋肉が次々と稼働していきます。これにより、複数の筋肉が協力して力を生み出す連鎖が生じます。

クローズドキネティックチェーンでは、末端が固定された状態で運動が行われるため、最終的

クローズドキネティックチェーンの例

運動している末端が固定されている場合に起こる連鎖。ジャンプでは、運動する末端である足が固定されており、末端→体幹という順番になる。

に体幹、すなわちコアの安定性が極めて重要になります。運動が進行する中で多くの筋肉が次々と動員され、体の各部位が連動し、協調して力を生み出します。このプロセスは、最初に活動した筋肉に加えて、他の筋肉が連携して力を発揮するために「追加」されていく様子と捉えることができます。

オープンに比べて、クローズドの方が大きな力が出せるというのが重要なポイントです。要するに、体幹から末端にかけて力を波のように伝える運動連鎖は、スピードを出すことには向いていても、大きな質量を動かすような運動には向いていないということです。そういう連鎖では、重いパンチにはならないということです。クローズドキネティックチェーンにおいては力の伝達が瞬時に起こるため、「連鎖」というイメージが掴みにくいかもしれません。しかし、この運動の連鎖は打撃の威力を高める上で非常に重要であり、特にインパクトの瞬間とその後の力の伝達を強化する上で欠かせません。

たとえば、パンチにおける先端からの運動連鎖は、イメージしにくいかもしれません。そこで、拳ではなく足を例にして説明します。足先から体幹への運動連鎖がわかりやすい例として、ジャンプの動きがあります。

ジャンプの際、着地の瞬間に足の裏からふくらはぎ、膝、太もも、そして体幹までが瞬時に連動して働きます。これがクローズドキネティックチェーンの動作です。

連動が正しく行われていない場合、たとえば着地時にふくらはぎから太ももへの連鎖が途切れたとしたら、膝が抜けて腰が落ちてしまうでしょう。瞬間的にこれらの筋肉が連動して働くことで、体は安定します。同様に、体幹の筋肉が働かない場合、着地の衝撃に耐えられず、上半身が地面に叩きつけられてしまうでしょう。

つま先からの運動連鎖を鍛えるトレーニングとしても非常に効果的で、秀徹ではこのジャンプ動作を非常に重視しています。

3 パンチにおける運動連鎖

まずパンチが当たる前の動作を観察すると、オープンキネティックチェーンとクローズドキネティックチェーンの特徴を併せ持ちます。腕の動きは、体幹からの連動による加速によって素早く動きます。一方、足先からはパワーの基盤を生む地面反力を体幹へ伝えます。そして、打撃後の威力を相手に伝える段階ではクローズドキネティックチェーンによって大きな力が生まれます。

打撃の瞬間、体に瞬間的な衝撃が走り、その衝撃を支えるための体幹の安定性が非常に重要です。この時、体幹がしっかりと安定しているかどうかが、最終的な威力に直結します。連鎖は手先や足先から始まり、体幹に至るまで連続的に力が伝わります。

外見上は末端から体幹にかけて波打つような連鎖が見られるわけではありません。複数の筋肉が同時に動いているのですが、外見からは分かりづらく、この運動連鎖が起きているかどうかは判断しにくいのです。

さてここで、パンチの動作では手先が固定されていないのではないか、という点について疑問をもたれるかもしれません。パンチは手先が相手に向かって動くので、一般的に見ればオープンキネティックチェーンのように思われるでしょう。

これは、オープンキネティックチェーンとクローズドキネティックチェーンが、末端が固定されているかどうかで説明されることが多いためですが、この説明だと、実際には説明がつかない運動も多くなります。どの運動がオープンで、どの運動がクローズドなのかは、非常に曖昧になる場合が多いのです。そのため、この区別は解説上はわかりやすいのですが、運動連鎖を本質的に正しく表現しているかというと、必ずしもそうではありません。

このように、パンチの動作がクローズドキネティックチェーンとして、うまく全身を使えているかどうかは、実感を伴わないとなかなか判断できません。動画や写真を見ても、オープンの連鎖になっているのかクローズドなのかは判断できないのです。体全体があまり動かず、手先だけ

パンチ一連動作の中での「オープンキネティックチェーン」と「クローズドキネティックチェーン」

パンチ動作の中において、打ち始めてから当たるまで（写真1～3）は体幹から末端へ移っていく「オープンキネティックチェーン」の連鎖が起きており、当たった以降（写真3～4）は逆の「クローズドキネティックチェーン」になっている。

が動いているように見えるからといって、それがオープンであるとは限らないのです。

この話が大前提となります。ではどうすればいいのかという具体的な解説を進めていきます。

まず、手先から体幹への運動連鎖を意識的に起こそうとしても、それには大した意味がありません。運動連鎖は、無理に起こそうとして起きるものではなく、連鎖が自然に成立する体の状態が整っているかどうかにかかっているからです。

結論を言うと、運動連鎖が起きる姿勢や体の状態が整っていれば、手先から体幹への連鎖は自然と起こります。

体幹などのインナーマッスルは腕を伸ばす前から予測的に活動を開始しており、パンチの動作と同時に、あるいはごくわずかな時間差で協調的に活動します。この予測的な活動は、脳が過去の経験や感覚情報に基づいて、運動の結果を予測し、事前に筋肉を調整するメカニズムに基づいています。

そしてパンチは自分の想定通りに当たるとは限りません。

そこでγ運動ニューロンによる筋紡錘の感度調節で、予想外のズレにも脊髄反射で素早く筋反応することによって威力がロスなく伝わります。

これはジャンプの着地動作で自然に起きる体幹の安定と似たようなものと考えたら理解しやすいと思います。そういった動きを意識しなくても、パンチを打って相手に当たった瞬間に、勝手に運動連鎖が起きるのです。意図せずとも、自然と威力が発揮される体になっているということです。

もし体幹が運動連鎖を受け止める準備が整っていなければ、力は体幹に伝わらず、力は末端で終わり、大した威力は発揮されません。

運動連鎖が正しく機能する身体ができていると、手や足から発せられた力が体幹にビンッと返ってくる感覚、腹の奥に力がしっかりと入る感覚が得られます。これこそが「腹の底から力を出す」という感覚の正体です。

運動連鎖としては、末端から体幹にかけて力が伝わっているのですが、自分の感覚としては腹から力が出ているように感じるのです。これが、古くから言われる「丹田から力を出す」という感覚の正体です。

この時、腹や丹田から力を出すという表現になるもう一つの理由は、運動連鎖がスムーズに起き、全身が協調して力を出すと、手や肩にあまり強い力を感じなくなることです。これにより、体内の奥深いところから力を出しているかのように感じるのです。

実際に、生徒にこの体感覚をそのまま伝えると誤った情報を伝えてしまうことになるのです。実際には腕や足の力もしっかり使っているのです。最終的には全身の筋肉が協力し合って力を出しているため、腕の力感がほとんど感じられないだけで、体全体が連動して力を発揮しています。

4 全身連鎖で無敵になる「立ち腕相撲」

全身がまとまった状態になると、手先や足先から体幹への運動連鎖がスムーズに行われます。しかしその連鎖を実現した感覚を他人に伝えることは、ほぼ不可能と言えるでしょう。その状態を言語化し、丁寧に解説したとしても、「理論的に理解したからできる」というものではありません。これが非常に難しい点です。

そのため、秀徹のトレーニングでは、激しい動きではなく、ゆっくりと力を加え、その力が体のどこに作用しているか、そしてどのように力を出すかを徹底的に検証します。体全体を使って力を発揮する感覚を、慎重に、じっくりと身につけていくのです。

正しい力の発揮が出来ているかどうかは、対人稽古を通じて検証します。お互いにゆっくりと力を出し合い、力の伝わり方をフィードバックし合いながら練習を進めます。

言語化が難しいことは前提としつつも、全身の連鎖を感じられるようになった際に起こる分かりやすい変化としてはまず、足の先（つま先）または踵に力を加える際の力感が明らかに変わってきます。単につま先重心や踵重心になって体重を預けるという単純な重み以上の力が加えられるようになるのです。

つまり、体幹からの力を伝えるような感覚が芽生えてきます。これは足だけでなく、手先にも当てはまります。

例えば、私がよく紹介している、稽古で実践している「立ち腕相撲」では、この感覚が非常に重要になります。立ち腕相撲は、お互いに立って空中で腕相撲をするものです。

通常の腕力だけの勝負では、腕力差がよほど大きくない限り、極端に大きな差は生まれにくく勝負は拮抗しがちです。

しかし全身を統一した状態を作れると、片や腕力、片や全身を連動させた力という構図になり、力の発揮量が圧倒的な差となります。

私はこれを、あえて自分だけが肘を伸ばして力が入りにくい不利な状態を作って勝ってみせたりして驚かれます。

一見、腕の力だけで勝負しているように見えるかもしれませんが、発揮される力は全身が連動して生み出されています。足元で地面を捉えた力も体全体を通して相手に伝わっているのです。

立ち腕相撲は、このような全身の力の連鎖を確認する上で非常に有効な方法です。

立ち腕相撲

立った状態で腕相撲をやると、腕周辺の筋力だけでなく、全身の筋肉を連動させられるかの勝負になる。

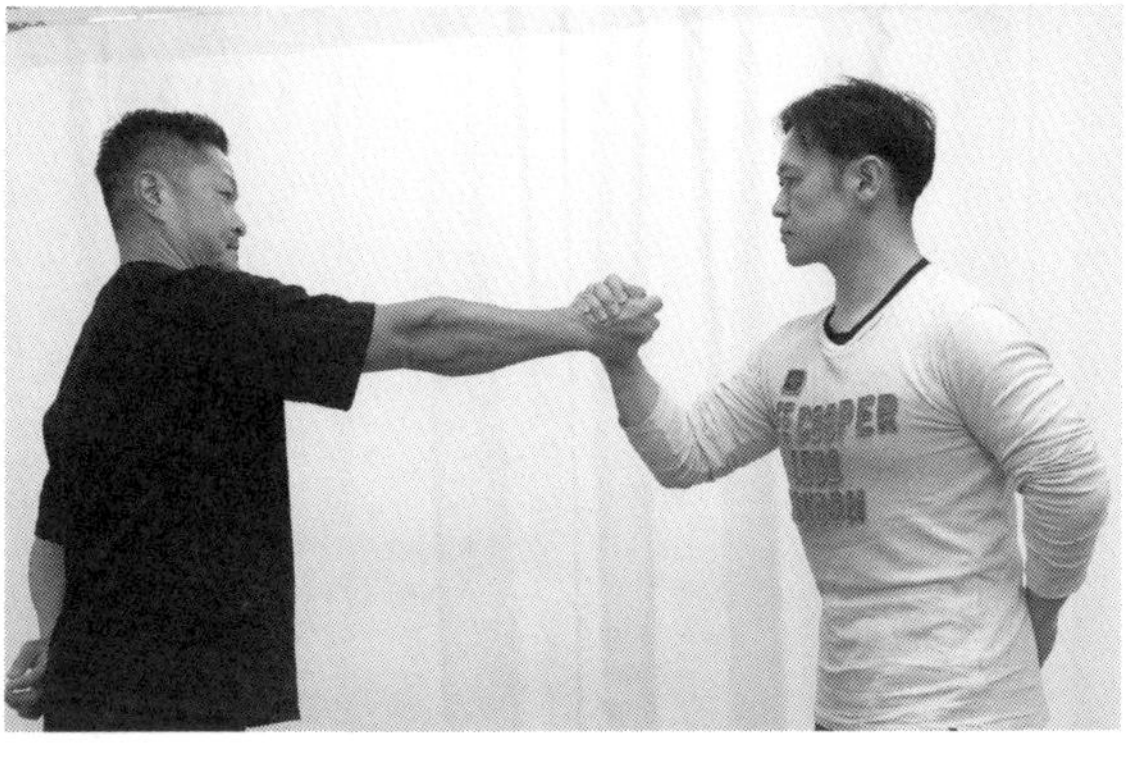

肘を伸ばしてしまうと腕の筋肉を使いにくくなるが、それでも全身の筋肉を連動させられれば、勝つ事ができる。

5 爆発力の源（パンチとプッシュの違い）

「パンチとプッシュの違い」について解説します。この違いを理解することで、パンチの威力を上げるのがいかに難しいか、そして打撃の威力の本質が見えてきます。

強いパンチを打つには、拳を体の前方に強い力で出すことが必要です。これは誰でも想像できるでしょう。そのため、ベンチプレスやゴムチューブを使ったトレーニング、腕立て伏せなどを行い、拳を前に出す動作を強化しようとする人も多いと思います。

しかし、パンチ動作の分析は、筋力強化だけでは不十分です。決定的に欠けている部分があり、それがパンチとプッシュの違いです。

「押し込むパンチは効かない」と指導されることが多いと思いますが、パンチとプッシュの違いは、相手に力が加わる持続時間です。

プッシュは相手を動かす動作で、拳が触れてから1秒くらい時間をかけて手を伸ばしても成立ちます。相手はのけぞりますが、ダメージは与えられません。

パンチは、持続時間が長すぎると駄目なのです。衝撃を与え、その衝撃を相手の体に残す必要があるため、適切な時間、適切な衝撃を与える必要があります。時間が短かすぎても長すぎても、相手に衝撃は残りません。

ここが筋力強化が必ずしもパンチの強さに直結しないという重要なポイントです。

たとえば、外力を予測して先に筋肉を収縮させるフィードフォワード反応では、四肢を動かす前に腹横筋や多裂筋などのインナーマッスルが活動を始め、姿勢の〝土台〟を整えます。これにより、アウターマッスルが発揮する大きな力を逃さず、効率的に伝達できるようになるのです。見た目の筋肉量がいくら多くても、土台が不安定なままでは動作にブレが生じ、パワーを最大限に活かすことが難しくなります。

また、衝撃が加わる瞬間には筋肉の伸びを感知する筋紡錘の働きが重要です。インナーマッスルには筋紡錘が多く分布しているため、身体の微妙なズレや急激な伸展を即座に検知し、脊髄レベルの反射で姿勢を補正できます。こうして外力に対して素早く体幹や関節を安定させるのです。

さらに、実際の衝撃が予測からズレることは避けられませんが、筋紡錘が高感度に保たれていれば誤差を素早く修正でき、姿勢の破綻を最小限に抑えられます。そこでしっかりと踏ん張ったうえで、今度は瞬発力に優れたアウターマッスルが強力なパワーを発揮し、外力に対抗したり押し返したりするのです。

結局、先読みで安定させるインナーマッスル、大きな力を出すアウターマッスル、そして即時反応を可能にする神経制御が三位一体となってはじめて「瞬間的に使える筋肉」が生まれます。

要するに筋肉が大きく発達しているにもかかわらず、瞬間的な動作で思ったほど力を出せない

プッシュ
（オープンキネティック）

持続時間の長い「押しこむパンチ」。相手の身体は動かせても、衝撃は残せない。

パンチ
（クローズドキネティック）

持続時間が短く、相手に衝撃を残すことができるパンチ。身体の連動は「クローズドキネティック」。

のは単なる筋力の問題だけはなく、その根底に姿勢制御の働きの不十分さがネックになっているのです。

単純に拳が当たる時間を短くすれば良いわけではありません。プッシュとパンチでは、体の筋肉の働き方が全く違います。

例えば、相手を押し飛ばすパフォーマンスを見ることがありますが、これは押し飛ばす力は強くても、この動作の延長線上の身体操作でパンチを打つと全く効きません。

また、プッシュとパンチでは、筋肉の収縮メカニズムが異なるのです。一つは、先ほど解説した運動連鎖の問題です。

プッシュは、運動が末端へ伝わるオープンキネティックチェーンの動きです。加速度的に手先に力を伝えていくことで、比較的容易に実行できます。瞬間的に大きな力を伝えるのではなく、じわじわと力を伝えて押すため、体の中に移動距離を作り、相手を押し飛ばすことができます。オープンキネティックチェーンはプッシュに有効です。

しかし、瞬間的に大きな衝撃を与えたいパンチには、オープンキネティックチェーンでは十分なダメージを与えられません。パンチはクローズドキネティックチェーン、拳から瞬間的に体幹へ折り重なるような運動連鎖を作らなければ強いパンチは打てません。

プッシュは時間をかけて力を伝えれば良いですが、パンチは時間がかかると、拳が当たった瞬間に十分な力が伝わらず、パンチが終わってから力が発揮されるような状態になり、間に合いません。

体幹が即座に反応できないため、パンチの衝撃が自分に返ってきてしまい、威力がロスしてしまいます。

そしてもう一つ重要なのは運動エネルギーの質の違いです。

プッシュ（押し飛ばす力）とパンチ（浅く衝撃を残す力）の違いは、運動量の変化の速度とエネルギーの集中度にあります。

押し飛ばす力は、時間をかけて力を伝えることによって相手を移動させる形でエネルギーを使います。対して瞬間的に衝撃を残す力は、そのエネルギーを移動エネルギーに変化させず内部にとどめてダメージを与えます。これによりエネルギーが相手の体の一部分に集中して深部まで浸透し、ダメージが大きくなります。

プッシュは相手に力を伝える際に時間的な猶予があるため、インナーマッスルの働きが不十分でも、アウターマッスルが働くことで十分な力は出せます。つまり、インナーマッスルの反応はさほど問われません。

＊なお、補足ですが、例えば顔面へのパンチ、特にフック系の攻撃では、相手の顔（質量の軽

い対象物）を大きく弾き動かすことがそのまま頭部を揺らす効果につながるため、貫くように振り抜くことが効果的な場合もあります。あくまで衝撃をしっかり残すという事についての根本的な考え方を解説しています。

一方、パンチはコンマ何秒の世界です。この一瞬に力を生み出すには、アウターマッスルだけでは不十分で、最初に反応するインナーマッスルや神経制御がしっかり働いている必要があります。

よく「使える筋肉」「使えない筋肉」という話がありますが、筋肉は当然、筋繊維の収縮力が強ければ強いほど大きな力を発揮します。しかし、必要なタイミングで適切に収縮しなければ、その筋肉は全く意味をなさないことになります。

「見せかけの筋肉」という表現がされることがありますが、これはそのことを何となく捉えた表現です。これはある意味、真実を含んでいるとも言えます。打撃技や瞬時に組みつく力を発揮する際には、その力が瞬時に働かなければ相手に作用しないからです。

力を押し付け合い、じわじわと力を発揮するような勝負であれば、また別の力の使い方になりますが、瞬間的に力を発揮することは非常に特殊な体の使い方が要求されます。表層の筋肉だけでは、その反応スピードに追いつかない現象が起きるのです。

パンチという動作は非常に特殊であり、日常的な動作とは異なる時間感覚が求められることを理解しておく必要があります。

特に武道や格闘技においては、持続的な力よりも瞬間的な強い力が求められるため、そうした特化した力の出し方や筋肉の使い方をしっかりと身につけていく必要があるということです。

6 本当の「脇の締め」の作り方

「脇の締め」は、技の威力を高める上で欠かせない要素です。

私は稽古の際、会員の方々に実際に体験してもらいますが、脇が締まった状態を体感すると、パンチの威力は逃げず、手先から力を加える際も遊びがなく、瞬間的に強い衝撃が相手に伝わるようになります。

しかし、私が指導する際、「脇の締め」を直接意識させることはありません。

例えば、パンチを打つ場合、腕の力だけで相手を崩そうとしても、手先から強い力を発する時に脇が甘いと、その力は相手に伝わりません。体幹がどれほど強くても、体幹から手先までの肩や肘といった部分で力が逃げてしまえば、相手に力が伝わらないのは当然です。

この時、「脇の締めが甘い」と感じる人は、肩周りの筋肉をもっと鍛える必要があると考えがちです。特に負担のかかっている肩周りの筋肉を鍛え、力のロスをなくそうとするのは自然な発想でしょう。

しかし実は、肩周りや肩甲骨周りの筋肉をどれだけ鍛えても、脇は締まらないのです。

これは非常に不思議に思われるかもしれません。

この「脇の締め」を実現する上で最も重要なのは、私が常々大切にしている「姿勢」と「体幹」の作り方です。これらがきちんとできていないと、脇は締まりません。ほとんどの人は脇が締まっていません。それは、体幹ができておらず、体幹と末端の繋がりができていないからです。

しかし、正しい姿勢で体幹が安定すれば、脇を締めようと意識しなくても、また、肩甲骨や腕の筋肉を無理に緊張させなくても、自然と適切な力が働くようになります。

脇の締めの本質は、体幹深層部、すなわち大腰筋、腸腰筋、多裂筋、腹横筋などのインナーマッスルによる微細な調整にあります。これらの筋肉は、普段無意識のうちに全身の連動性を担保し、力のロスを最小限に抑える役割を果たします。

これは非常に不思議な現象ですが、実際に体験してみないと信じられないでしょうし、ニュアンスも伝わりにくいでしょう。しかし、体の中心が決まれば、脇や肘は自然と締まるのです。

体幹の真の安定とは、スムーズな神経制御によってインナーマッスルが効果的に働き、全身が連動している状態です。そうなると、自然と肩甲骨にも安定感がもたらされ、結果として「脇が締まった」状態が実現します。

“脇の締まった”パンチ

パンチで大きな威力を発揮するために言われる「脇を締める」とは、インナーマッスルが働き、全身が連動した状態を目指すための言葉。物理的に「肘を内に寄せている」という事を意味しているものではない。

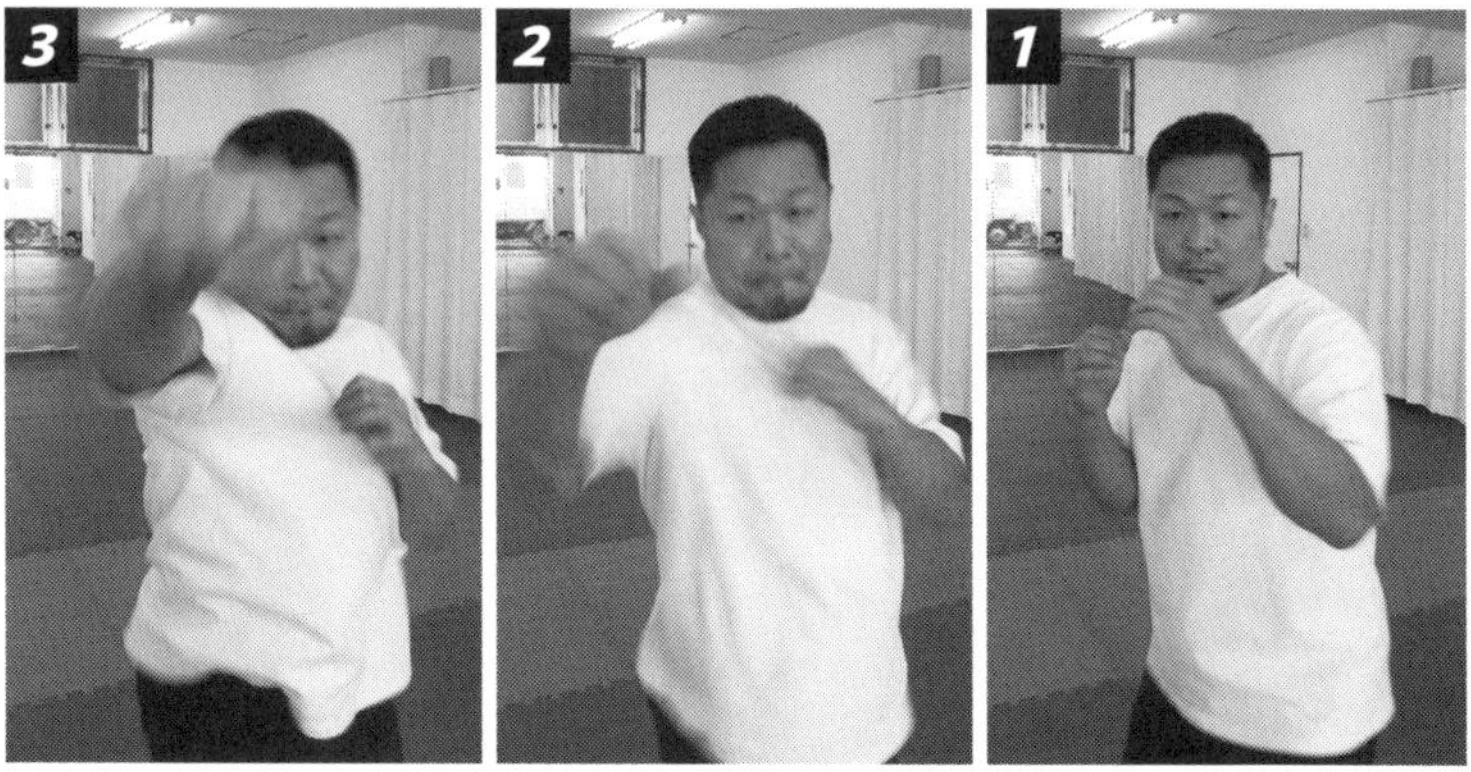

インナーマッスルは、アウターマッスルのように大きな力を直接発揮するわけではありませんが、全身の連動性を確保し、関節のブレを最小限に抑える重要な役割を担っています。たとえば、足元が不安定な状態で腕の力を発揮しても効果が薄いのと同様に、体幹がしっかりしていれば、腕の力が効率よく伝わり、格段に大きな力が生み出されるのです。

普段感じられるのは、アウターマッスルの収縮による筋肉の力感ですが、インナーマッスルは無意識下で持続的に働き、微細な動作の調整を行っています。この「意識しにくい調整力」が、真の「脇の締め」を作り出す秘訣なのです。

真の「脇の締め」を体感するとき、その感覚は意識的に筋肉を固めたときの局所的な力感とは全く異なります。ほとんど力を使っていないかのように感じながらも、驚くほど手先にしっかりと力が伝わるのです。まるで体の中から自然に力が湧き上がるような、または身体全体が一体となって連動し、力を生み出しているかのような感覚です。それは、かつて「腹の底」や「丹田から力を出す」と言われていた感覚に近いものです。そして、力を発揮しているにもかかわらず、筋肉の収縮感をほとんど感じないという特徴もあります。軽く力を加えるだけで、相手に深く響く質の高い衝撃を与えることができるのです。

このような状態になると、「この技は全然力を使っていない」と感じるかもしれませんが、実際はしっかりと力は使われています。ただ、その質や配分が従来の感覚とは大きく異なっているのです。体幹を中心に全身が連動して力を発揮するため、腕や肩といった末端の筋肉に過度な負担がかからず、結果として「力を使っていない」ように感じられます。連動した力は、必要に応じて強い固定力を生み出したり、自由な関節運動を可能にしたりします。

なお、この「脇の締め」の原理は、腕だけでなく足による力にも当てはまります。インナーマッスルは、大きな力を直接生み出す「エンジン」ではなく、全身の力を効率的につなぐ「繋ぎ役」として機能します。この点は非常に重要ですので、ぜひ皆さんも研究してみてください。

7 胴体の固定とねじりの関係

パンチの動作やその他の動作で、体をねじって力を生み出す動きがあります。このねじりについて詳しく解説していくと、脊椎の各部位の役割が見えてきます。

皆さんは胴体をねじるというと、背骨全体が均一にねじれて、全体的なねじれを生み出しているように思われるかもしれません。しかし、実はそうではありません。脊椎は大きく3つに分かれていて、頸椎、胸椎、腰椎の順に、首、ろっ骨の部分、そして胴体の部分を指します。それぞれの部位のねじれの可動域はかなり異なります。一番上の頸椎は50〜60度ほどのねじれが可能です。胸椎はおよそ30度前後と言われていて、胴体の部分である腰椎は全体で約5〜10度程度しかねじれません。

我々はイメージとして、ねじりの動作で胴体全体をねじっているような感覚を持つことが多いですが、実際には胴体はほとんどねじれていません。全体的な大きなねじりが生じていても、各部位でのねじれの角度が大きく異なり、主に胸椎がある程度のねじりを生み出します。それ以外のねじりは、脊椎ではなく、さらに下の股関節の動きによって全体のねじれの感覚を作っているのです。

では、なぜこれほどまでにねじれの可動域が異なるのか。それは、各部位の役割に関係してい

体をねじる時、脊椎全体が均等にねじれているようなイメージを抱いてしまうが、実際はほとんど胸椎のねじれによっており、腰椎はねじれにくくなっている。腰椎は体幹の安定性を保つという役割が大きい。

ます。腰椎は体幹の安定性を保ち、体重を支えるという重要な役割があります。特に歩いたり走ったりする際には、体の重さを骨盤に伝えながら全身のバランスを取る必要があります。そのため、腰椎が過度にねじれてしまうと、安定性が損なわれ、バランスを崩したり怪我のリスクが高まる可能性があります。腰椎は主に前屈や側屈などの動きに優れており、ねじりに対しては制限されていることで体幹の強固な安定を保っているのです。

ですので、胴体の部分は体の安定を保つ役割に特化していると言えます。

秀徹姿勢の基本は、この胴体部分の安定度、固定力を高めることにあります。しかし、よく「胴体を固めると全身の動きが制限されてしまい、動きづらくなるのでは？」という質問を受けますが、脊椎には各部位の役割があり、胴体は体の安定を保つことが大きな役割です。したがって、胴体をしっかりと固めてもリラックスしても、そもそも柔らかくねじれる場所ではありません。むしろ、胴体が必要なときにきちんと固定されることは本来の腰部の働きなのです。

さらにこの基本姿勢に熟練してくれば、予め無理して固定する力を作らなくても、自由な動きの中で必要に応じて固定の力が発動するようになります。

最終的にはそのように、自由に動いても力がでる身体、になっていくのを目指します。

8 秀徹姿勢を自動操縦化する

さて、これまで解説してきた強い力を生み出すための秀徹の姿勢。しばしば「秀徹の姿勢は窮屈で動きにくそう」といった印象を持たれることがあります。その中でも、特によく受ける質問の一つが、「自由に動きながら、その姿勢を保つことができるのか？」というものです。この問いに答える形で、この章ではとても重要な内容を解説をしていきます。

特に、現在スポーツや武道に取り組んでいる方々で、自分の競技の中で秀徹の姿勢の力を活かしたいと考えている方が、ほぼ皆さん同じように悩むポイントがここです。

秀徹の稽古では、完全に止まった状態、もしくは非常にゆっくりとした動きの中で姿勢を練ることが多いです。このようにして強い姿勢を作っていくわけですが、このアプローチが果たして実践に活かせるのか、と不安になるのは自然なことです。

まず結論からお伝えすると、練習中に行う窮屈な姿勢というのは、実際の動きの中ではそのまま適用されるわけではありません。例えば、組手やスポーツの場面では、動きながら「姿勢をキープしよう」と意識することはありません。むしろ、そういった意識は動きを制限し、疲労を招く原因になります。実際の動きにおいては、自由にリラックスして動くことが求められます。

ただし、ここで重要なのは、自由にリラックスして動いているときでも、秀徹の姿勢の持つ強さが、必要に応じてきちんと引き出されるかどうかという点です。これは、基本練習の出来具合によって大きく変わってきます。基本がしっかりと身についていない段階では、動きの中で姿勢の強さを生かすことは難しいでしょう。

スポーツや格闘技で早く身体操作を活かしたいと考える方ほど、このプロセスを焦りがちです。しかし、基礎をおろそかにしては、動きの自由度と姿勢の強さを両立させることはできません。まず大前提として、基本レベルとしては止まった状態やゆっくりした動作の中で、いつでも全身がまとまった状態が自然に作れること、持ち上げられても重さを感じさせるような姿勢がいつでも作れる事が絶対条件です。

おそらく全身に力みが生じ、非常に窮屈な感覚になるかと思います。この段階で「これで本当に動けるのか」と不安になることが多いのは当然です。基本ではあるが、実はこれが一番難しい段階でもあります。

実際、秀徹の稽古会でも、多くの会員が1年、2年と経っても、この止まった状態で姿勢を作る段階で苦労しています。最初の段階が難しいからこそ、挫折しがちですが、ここをクリアすれば、次の段階へとスムーズに進んでいけます。

次の段階として、体幹の必要な締めを作りながら、それ以外の部分を積極的にリラックスさせ、力を抜いていくという練習が求められます。骨盤からみぞおちにかけての胴体部分の使い方が重要で、それ以外の部分の緊張はむしろしっかりリラックスさせることが重要です。最初におそらくぶつかるのが、膝と肩の力みを取ることの難しさになろうかと思います。

基本レベルでは全身を不自由に固めて姿勢を作っていたところを、徐々に細分化して固める場所、緩める場所、が明確になっていきます。全身の窮屈な感覚から、体の一部で強い力を生み出す感覚を養っていきます。この段階がクリアできると、少しずつ動きを伴っても強い力を生かせるようになっていきます。

そして最後の段階は、体幹を強く締めるという意識すらも必要なくなる段階です。要するに、全身に無駄な力が入っていない状態で自由に動き、パンチが相手にぶつかる瞬間や技をかける瞬間など、力が必要なときに自然と体幹が締まる状態が作れるようになります。

こうなれば、特別な身体操作を意識せずとも、必要なときに自然と強い力が発揮され、筋肉の連鎖がスムーズに実現されるようになります。実際、スパーリングや競技パフォーマンスでも、体のどの筋肉をどう動かすかなどを考えながら行動することはほぼ不可能です。競技の中で自然に姿勢が決まることが最終的な目標です。

自動操縦化のメカニズム

秀徹の身体操作が、実際の動きの中でどのように活かされるのかを、ここで少し補足して説明します。

まず、パフォーマンス中に全身の動きを強く意識しすぎると、かえって動作がぎこちなくなり、スムーズな力の伝達が妨げられることが多いです。これは、運動制御における「内的焦点」と「外的焦点」の違いに関係しています。

内的焦点とは、自分の筋肉や関節の動きに意識を向けることを指しますが、これに偏りすぎると神経系に余計な負担がかかり、動作が不自然になってしまいます。一方、外的焦点は、目標物や環境など、自分の外に意識を向けることで、身体が無意識に最適な動きを調整し、パフォーマンスの質が向上します。

この「無意識の調整」を可能にする鍵となるのが、動作の自動操縦化です。人間の運動学習は、最初は意識的なコントロールが必要ですが、繰り返しの練習によって神経系が適応し、大脳皮質の関与が減っていくことで、動きがスムーズかつ効率的になります。

また、動作の自動化には、フィードフォワード制御（先読み）とフィードバック制御（後追い調整）のバランスも欠かせません。あらかじめ動作に備える準備（フィードフォワード）と、実際の刺激やズレに応じて微調整する対応（フィードバック）が組み合わさることで、状況に応じた滑らかな動きが実現されます。

人の生命活動や肉体活動は、多くの場合、自動操縦のような状態で行われていると言えます。つまり、全ての動きを意識的にコントロールしているわけではないということです。

このように、無意識で行える精度の高い動作を身につけるには、反復練習を通じて適切な運動連鎖を神経系に定着させていく必要があります。

格闘技の試合などでも、事後のスローモーション動画に対して意識的な判断をしているかのように解説されることがありますが、多くの場合「予測」に基づいて行われています。

人間の視覚を介した反応時間は、一般的に0.2～0.3秒かかるとされています。これは、目で見てから脳が処理し、指令を筋肉へ伝えて動作を起こすまでの時間です。

例えば、相手がコンマ数秒で放つパンチに対し、こちらが目で見てから反応しようとすると、すでにパンチは当たってしまいます。これでは防御や回避が間に合わないため、高度に学習を重ねた選手達は視覚情報が届く前に無意識的に行動を起こしているのです。

このような素早い対応を可能にしているのが「フィードフォワード制御（先読み活動）」と呼ばれる、過去の経験や状況のパターンをもとに未来の動きを予測し、あらかじめ適切な動作を準備しておく仕組みです。

これは、格闘技だけでなく日常生活のあらゆる動作にも当てはまる現象です。

例えば、車を運転して家に帰るという日常的な行為を考えてみましょう。完全に無意識ではありませんが、全ての動作を意識しなくても、ある程度リラックスした状態でも可能です。これは、脳が全ての指令を出して体を動かしているのではなく、ある程度自律的に体が動いていることを示しています。

脳科学の分野では、肉体の活動は自律的に行われ、脳は後からその意思を認識しているのではないかという説も有力になっています。つまり、普段の生活では、脳の指令通りに体が動くのではなく、自動操縦される肉体が活動の主体となっている場合が多いのです。

パンチを打つという動作を例に挙げると、どの筋肉がどのように動いているかを明確に限定することはできません。全身の無数の筋肉、筋膜、腱、神経など、様々な器官が協力し合って、一つの動きを成しています。そのため、自分がどのようにパンチを打ったかを全て説明することは非常に難しく、体の連動はそれほど複雑なのです。

しかし、その中でも比較的意識しやすいのがアウターマッスルと呼ばれる大きな筋肉の働きです。それ以外の筋肉は、ほとんどが無意識下で、かつ予測的に動くこともあります。秀徹では、インナーマッスルの活用を引き出そうとしていますが、これは誰もが全くインナーマッスルを使えていないというわけではありません。

秀徹が目指すのは、常識的なレベルからさらにインナーマッスルの活用レベルを引き上げ、より有効に使えるようにすることです。そのため、トレーニングでは意識しにくい、自動操縦としてしか機能していないインナーマッスルの働きに焦点を当て、その活動の強化を目指します。

習熟してくれば、型やパンチ、トレーニング動作の中でインナーマッスルを意識的に収縮させたり効かせたり出来るようになっていきますが、実際に自由な動きの中で攻撃を出すときに、わざわざインナーマッスルに意識を向けて収縮させようと働きかけるわけではありません。そのときには、インナーマッスルもアウターマッスルも全神経系統も、全てを動員してパフォーマンスに参加させるのです。トレーニングはそのベースとなる能力を引き上げるための鍛錬です。

くれぐれも、特定の姿勢を維持しながら動くものではないということを理解してください。ただし、自由な動きの中でその能力を引き出すためには、基本段階での非常に深い鍛錬が必要となることも、併せて理解しておいてください。

なお、武道における実戦的な動きの一環として、スパーリングについても触れておきます。

動く相手に打撃を当てる技術を得るための方法としてスパーリングも重要なトレーニングではあるが、秀徹では希望者のみで実施している。ここでは「威力」よりも、攻防を疑似体験し、視野を広げることを目的としている。

実戦での有効性を重視する生徒さんには、動く相手に対して打撃を当てる技術や回避する技術を学ぶ必要があること、そしてスパーリングの重要性を明確に伝えています。

ちなみに、秀徹では、稽古時間外にごく軽めのマススパーリングを行い、実際に動いている相手に打撃を当てる感覚を体験する練習を、希望者のみで実施しています。ただし、私も以前、かなりキャリアを積んだ格闘家とのマススパーリングで、注意力が低下していたのか、ごく軽く当たったパンチで想定外の衝撃が伝わり、大きな負傷をさせてしまった反省があります。

これらの練習は、一部の武道歴の長い経験者向けのものではなく、むしろ武道経験のない会員さんたちが攻防を擬似体験し視野を広げるためのものであるとして、秀徹ではよりライトな形で取り組むよう心がけています。

マススパーリングは、「威力」や「パワー」といった要素を度外視した攻防のシミュレーションです。

本来、揉みくちゃになる実戦において最も頼もしい武器である威力やパワーを、互いに封じる前提のもとでテクニックを磨くトレーニングと言えます。マススパーリングが上手いからといって、それが実戦的かというと必ずしもそうとは言えません。

ちなみに、マススパーリングで圧力をかけて前に出続ける人を見かけることがありますが、それは相手が威力を発揮しないという前提に依存した戦法にすぎません。したがって、そもそも問題外と言えるでしょう。

このように、マススパーリングでは、約束事の前提が互いに曖昧にならないよう、監督者が十分に注意を払いながら取り組む必要があると考えています。そして、ここでは「姿勢を作って」や「インナーマッスルを働かせる」といった意識は求めません。

あくまで、威力は自動操縦によって生まれるものであると考え、威力を出す動作への執着はスパーリングには持ち込まないようにすべきです。

9 人体の特性を理解したパワー向上

人間の身体は、生物学的に象や熊のような圧倒的な剛体構造をもたない一方で、持久力・俊敏性・器用さという強みを備えています。その構造的特性を最大限に活かしつつ、生物学的な制約を補強するトレーニングと身体操作を行うことで、「強大な力」を引き出すことが可能になります。下記4つのポイントを意識して鍛錬を積み重ねることこそが、瞬発的な威力を高める近道といえるでしょう。

人間の身体がもつ本来の構造的特性を踏まえつつ、「瞬間的な強大な力」を引き出すための要点をまとめています。筋力そのものの増強だけでなく、身体の使い方や神経制御を包括的に最適化することが重要です。

①単純な筋力増強に頼らず、運動構造を最適化する

全身の運動連鎖を洗練させ、大きな力を効率よく伝達する。

②テンセグリティを活用し、張力と圧縮のバランスを高める

人体の特徴である「張力（筋・腱など）と圧縮（骨格）のバランス」を理解し、テンセグリティ構造の効率化により、動作ごとに最適な張力を保つ。

③体幹（コア）の剛性と可動性を両立させる

深層（インナー）・中間層（インナー）・表層（アウター）をバランスよく強化し、動作時にしっかりと体幹を固定できる状態を作る。

④脳・神経系・筋肉を統合し、同時動員能力を高める

単に筋量や最大筋力を追求するのではなく、より多くの筋繊維を「必要なタイミング」で動員する神経制御を洗練させる。

第5章

最強の体幹を養成する伸びの鍛錬

1 意識の向け方

最初に、トレーニングを始めるにあたって、特に注意しておきたい点について解説します。

まず自身の身体操作、筋肉や骨格の状態に意識を向けすぎず、あくまで正確な動作に集中して、その動作が周囲の環境の中にあることとセットで考え、どちらかというと体の外側に意識を向けることが大切です。（外部焦点）

頭を掻くつもりで手を挙げる、お金を拾うつもりで手を下ろす、鐘を打つようにパンチを打つ、など良く聞く指導方法も、焦点を内部に向かせないための有効な手段だったりします。

我々の身体操作は、身体の各部位やその動作、筋肉の収縮や関節の角度といった感覚に意識が向きすぎると、普段は自動的に行われている運動に対して脳が過剰な介入を行い、結果として自然な動作パターンが阻害されます。

本書では身体操作のメカニズムを解説してきているなか矛盾しているようですが、あくまで動作が向かう方向など、身体と外部との関わり具合に集中することで結果として動きが最適化される、と考えてください。

また、度々解説してきた、神経系制御の最適化（筋紡錘の感度調節の最適化）のトレーニングについては全身をがむしゃらに動かすよりも、アウターマッスルの勢いを抑えて、ゆっくり丁寧に動く方が効果的です。例えば姿勢を制御しつつゆっくり練り上げるような、型の鍛錬など非常に有効ですし、後に紹介する「閉眼片足立ち」なども積極的に取り組んでみてください。

鍛錬開始にあたっての注意点

秀徹のトレーニングは、一般的なウェイトトレーニング、アウターマッスルを鍛えるトレーニングとは異なります。そのため、トレーニングの感覚や取り組み方について、意識を切り替える必要があります。

まず、力を入れたという実感を強く求めすぎないようにしましょう。秀徹の鍛錬で目指すトレーニングの目的と、その感覚は異なることが多いからです。これまでの筋力トレーニングと同じように、筋肉の疲労感や「効いた」という感覚を求めてしまいがちですが、これは避けるべきです。なぜなら、秀徹のトレーニングの目的は、普段意識的に動かすことが難しいインナーマッスルの活動を呼び起こし、鍛えることにあるからです。

そもそも、インナーマッスルの収縮を思い通りにコントロールすることは、最初からできません。もし「鍛えた」という実感があったとしても、初心者のうちはそれは本来使いたかった筋肉ではなく、アウターマッスルが緊張しているだけの場合がほとんどです。体幹でいうアウターマッスルとは、脊柱起立筋や腹直筋など、体の表面にある、触って確認できるような筋肉のことです。これらの筋肉を緊張させているだけでは、本来動かしたい筋肉の活動は引き出せていません。つまり、これまでのトレーニングの延長線上にあるという証拠です。この点を意識しましょう。

目的のインナーマッスルに刺激がいかない理由は、トレーニングでこれから解説する鍛錬の注意事項を守っていないからです。注意事項を守らないと正しい姿勢がとれず、筋肉が適切に収縮しません。動かない筋肉の収縮を呼び起こすためには、厳密な姿勢によって動きを導き出す必要があります。これが秀徹の鍛錬の最も重要な点です。

では、どのような状態であれば正しく鍛錬できていると言えるのでしょうか。これまでの指導経験から言うと、正しい姿勢で鍛錬すると、多くの場合、明確な実感が得られず、何が効いているのか分からない感覚になります。これは、ほぼ全てのケースに当てはまると言えるほどです。ですから、「実感がないときの方が正解」と考えた方が良いでしょう。

筋肉の収縮に気を取られず、丁寧に姿勢を作ったとき、技の検証や突きの威力を試してみると、驚くほど威力が増します。実感がない姿勢なのに、なぜパワーが変わるのかと驚かれる方が多いです。しかし、実感のない不思議な感覚こそが、ほぼ正しい状態なのです。なぜなら、正しい姿勢で鍛錬することで、インナーマッスル、特に大腰筋などの働きが引き出されるからです。インナーマッスルは、アウターマッスルのように爆発的なパワーを生み出すのではなく、姿勢のブレを抑えるなど、小さな動きで作用します。わずかな筋肉の締まりを引き出すだけで、全身の連携が劇的に変わり、技の威力が大幅に向上します。ですから、トレーニングの実感を求めすぎず、筋肉の収縮にこだわりすぎないように注意してください。

ただし、この後の章で解説する秀徹の筋肉トレーニングは、姿勢を厳密に保つことよりも、筋肉の働きを強制的に呼び起こすことを目的としています。そのため、この章で紹介する「伸び」を中心とした鍛錬とは異なり、全力で力を使い果たすように取り組んでも大丈夫です。この章の、伸びを中心とした鍛錬では、背中や腰周りの筋肉の緊張感を求めないようにしてください。

熟練してくると、インナーマッスルの強い収縮感や活動を感じられるようになりますが、それは自然に訪れます。その時には、これまで使っていた筋肉の疲労感や感覚とは全く違う場所に疲労感を感じるでしょう。焦らず、トレーニングを続けてください。

また、秀徹の鍛錬を、他のメソッドや流派のトレーニングと安易に比較したり、共通点を見出して自己解釈を加えたりすることは避けてください。見た目が同じような鍛錬でも、何かに似ていると感じるかもしれませんが、内部で起きていることは別物だと考えるべきです。自己解釈を加えてしまうと、理解をこじらせてしまう可能性があります。

2 鍛錬の頻度について

鍛錬の頻度については、アウターマッスルとインナーマッスルで特性が大きく異なります。筋肉の繊維は速筋繊維と遅筋繊維に分かれます。速筋繊維は白く、強くて早い収縮を得意とし、アウターマッスルに多く存在します。瞬発力を発揮するのに優れていますが、疲労耐性が低いという特徴があります。そのため、高負荷なトレーニングを頻繁に行うことは避けるべきです。

一方、遅筋繊維は赤く、疲労耐性が高く、損傷を受けにくい性質があります。これは、微細なコントロールや安定性の調整に関与し、日常的に意識しないところで働いている筋肉です。そのため、収縮感を感じにくく、筋肉痛も起こりにくいです。それが故に実感も持ちにくいのです。

インナーマッスルの多くはこの遅筋繊維が占めています。秀徹のトレーニングでは、これらの筋肉の動きを呼び起こすことを目指しているため、頻度が少ないと効果が上がりません。アウターマッスルのトレーニングよりも頻度を高く、日常的にコツコツと継続することが大切です。週に1回だけ鍛えるような方法では、この身体操作を身につけることは難しいでしょう。

良い姿勢をとろうとする時に多くの人がやりがちな“胸を張る”“腰を反る”を秀徹ではよしとしていない。

3 正しい姿勢の重要性

正しい成長のためには、正しい姿勢で鍛錬を行うことが重要です。

正しい姿勢というのは、決して見た目に良い姿勢という意味ではなく、「インナーマッスルの稼働を十分引き出せる姿勢か」という観点から必要なのです。

しかし、正しい姿勢を自分で判断することは非常に難しく、指導経験上、熱心に自主トレーニングをされている方でも、注意点が守れていないケースがほとんどです。特に腰を反らない、胸を張らないという2点は、多くの方が自覚のないまま行ってしまっています。自分の姿勢は、自分の感覚だけでは正確に観察できません。

そのため、トレーニングを行う際には、スマートフォンのカメラなどで動画撮影を行い、セルフチェックをすることをお勧めします。全身が収まるように撮影し、カメラの位置は腰の高さに合わせることで、歪みを抑えることができます。誰かに撮影してもらう場合も、撮影者の目の高さからではなく、必ず腰の高さから撮影するようにしましょう。

4 伸びと呼吸

それでは、秀徹の最強の体幹を養成する鍛錬を始めましょう。まず、2つのキーワードを覚えてください。「呼吸」と「伸び」です。この2つを同時に正確に行います。

なぜ呼吸と伸びを組み合わせるのか、その重要性を解説します。

まず結論から言うと、この2つはともに、インナーマッスルの動きを導き出すためのものです。秀徹の特有の威力をもたらす上で、この2つにあえて優先順位を付けるなら、①が伸び、②呼吸となります。

本書の前半で解説した体幹の3つの層を思い出してください。

① 最深層（腰椎の直接的安定）

・主に 大腰筋 や 多裂筋 が中心的役割を担い、脊椎を直接安定化する。
・「身体が伸びる」「脊椎が起立する」感覚をつくり出す根幹。

②中間層（インナーユニットによる腹圧調整）

・多裂筋・腹横筋・横隔膜・骨盤底筋など（インナーユニットと呼ばれる筋群）が協調し、腹圧を高めることで脊椎を包むように安定化する。
・「強い呼気（努力呼気）」により胴体を内側に短縮する力が生まれ、最深層の「起立」と拮抗しながらさらに強い安定性を獲得する。

③表層（アウターマッスルによる安定）

・一般的に言われる 腹筋・背筋（腹直筋、外腹斜筋など）が該当し、動きを生み出したり支えたりする役割。
・意識しやすく鍛えやすいが、ここだけで体幹を固めると「内側の安定」が疎かになりがち。

①最深層 →②中間層 →③表層
の順番で習得していくことを徹底します。

これは、難易度が高いものから順に習得するためです。

「伸び」は最深層のトレーニング、「呼吸」は中間層のトレーニングです。

「伸び」について。正しい姿勢を保ち、脊椎の湾曲を「適切に」維持したまま伸びることを徹底しますが、そのために脊椎や骨盤や特定の筋肉に意識を向けると逆効果です。あまり考えすぎずに、頭頂の一点を真上にスッと伸ばすようにします。

この「伸び」はインナーユニットよりも内側、直接的に脊椎を固定する筋肉の収縮をもたらしますが、その筋活動を感じることは無いでしょう。

そして「呼吸」について。息を吐く際に働く筋肉、特に呼気に関係するインナーユニットと呼ばれる筋肉群、腹横筋、骨盤底筋、多裂筋などが協調して収縮することで、腹圧が安定した状態になります。

自然な呼吸では、息を吐く際にこれらの筋肉が積極的に収縮することはありません。リラックスして行う日常的な呼気は横隔膜が緩むことで自然に息が吐き出されるだけで、腹圧を強める働きは生まれません。さらに強く吐き絞るような「努力呼吸」と呼ばれる呼吸が必要なのです。

「強く吐く」呼吸によってインナーユニット群の強い収縮を導き出し、腹圧を高める状態を作るのがポイントです。

息を吐く際、お腹を張ったまま吐くのではなく、お腹を薄くへこますように吐いてください。

お腹を張ったまま息を吐いても、腹横筋と骨盤底筋の収縮は起こりません。
腹横筋と骨盤底筋の強い収縮を引き出すには、横隔膜がしっかりとリラックスする必要があります。

特に難しいのは「伸び」ですが、これは単独では実感がほとんど持てないですが、呼吸（正しい努力呼気）によって胴体が短縮方向に引き締められ、最深層の「伸び」と拮抗する作用が生まれるとともに、脊椎深部の筋肉が等尺性収縮を起こすことで初めて筋肉の稼働が強化され、実感を伴うようになってきます。

呼吸と伸びを併せて行うことで、脊椎周辺の一番奥の部分と、その外側にある内臓の外側、胴体のコルセット部分、胴体の中と外をがっちりと固める効果が生まれます。

5 パワーを生み出す脊椎の湾曲を知る

「伸びる」の目的は、体内深層筋、特に大腰筋を効率的かつ強力に活用するための基礎となり、後に呼吸の鍛錬と組み合わせたときに、縦方向に引き締まる感覚、すなわち「強烈な縦感覚」につながります。徹底的に取り組んでください。

簡単に見える動きですが、これまでの指導経験からすると、最初から正しい伸びる姿勢を実践上半身と下半身は大腰筋が連結している。

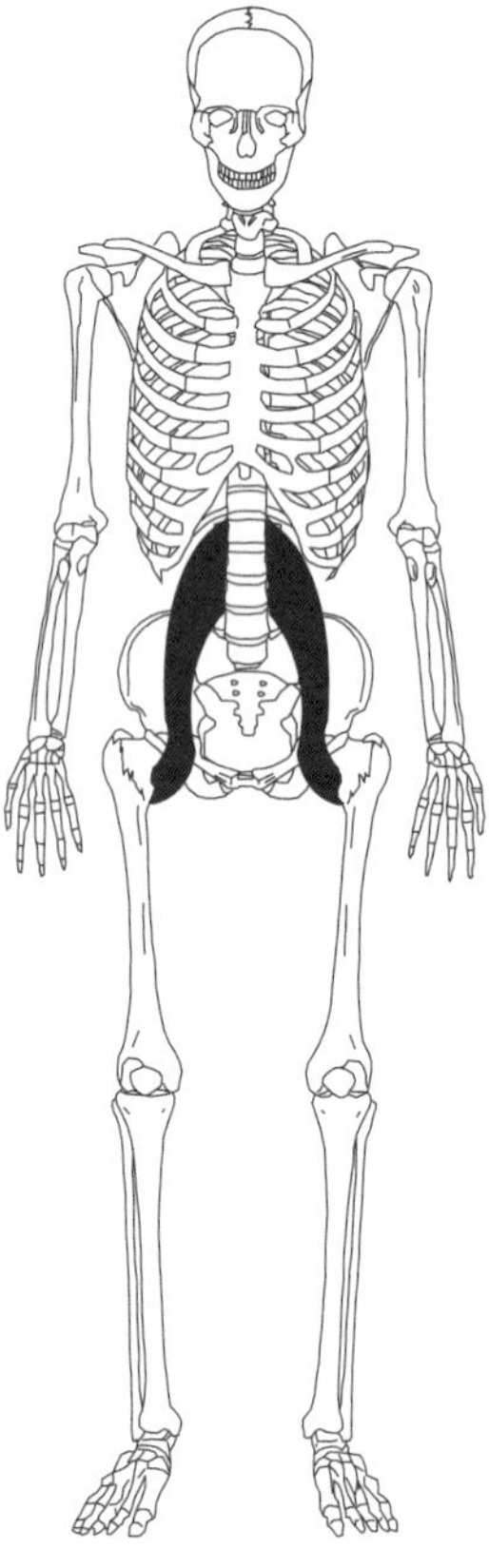

できる方はほとんどいません。中級レベルの方でさえも、この動作を正しく理解し実践できる人はごくわずかであり、実は非常に難しい動作です。もちろん、私自身も自宅での鍛錬において、この「伸びる」姿勢を欠かさず取り入れています。

人体は、骨盤を境に上半身と下半身に分かれていますが、これらは必ずしも強固に結合しているわけではなく、むしろ緩やかに連結している状態です。この上半身と下半身を連結する唯一の筋肉が大腰筋です。大腰筋は非常に大きな筋肉であり、多裂筋などと協調しつつ等尺性収縮することで、先に説明した脊椎の固定や安定はもちろん、上半身と下半身の連結を強化し、身体全体の統一性を高める働きを担います。伸びる動作を通じて、大腰筋の働きを引き出し、上半身と下

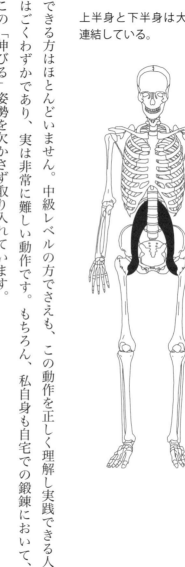

半身のまとまりを強化するという非常に重要な動きを学んでいきます。

それでは、実際に伸びる鍛錬を通して深層筋を鍛える基本を解説していきます。まず、正しい脊椎の自然な湾曲を維持しながら伸びる動作を行うことが重要です。決して腰を反らせたり、胸を過剰に張ったり、胸骨を上げたりしてはなりません。

実際の指導経験から、多くの方が立ち上がって伸びの姿勢をとる際、胸を張りすぎて不自然な緊張状態になってしまう傾向があります。このような姿勢では、腰のS字カーブが過度に強まり、胸骨が上がってしまうため、バランスの取れた姿勢から逸れてしまいます。その結果、脊椎の伸展と屈曲のバランスが崩れ、本来のインナーマッスルの働きを十分に活用できなくなります。なぜなら、我々は身体の前面に意識が向きやすく、上に伸びようとする際に胸の前面だけを意識して上げてしまいがちだからです。胸だけを上げると、身体はわずかに後方へ反り、そのわずかな歪みが伸びの効果を大きく損なう原因となります。

さらに、胸が上がってしまう原因の一つとして、正しい腹式呼吸ができていないことが挙げられます。横隔膜を十分に動かせず、胸を広げた胸式呼吸に偏ってしまうと、正しい伸びが実現で胸を張ってしまうと脊椎のカーブも崩れ、全体のバランスが悪くなり、インナーマッスルが十分に働かなくなってしまう。

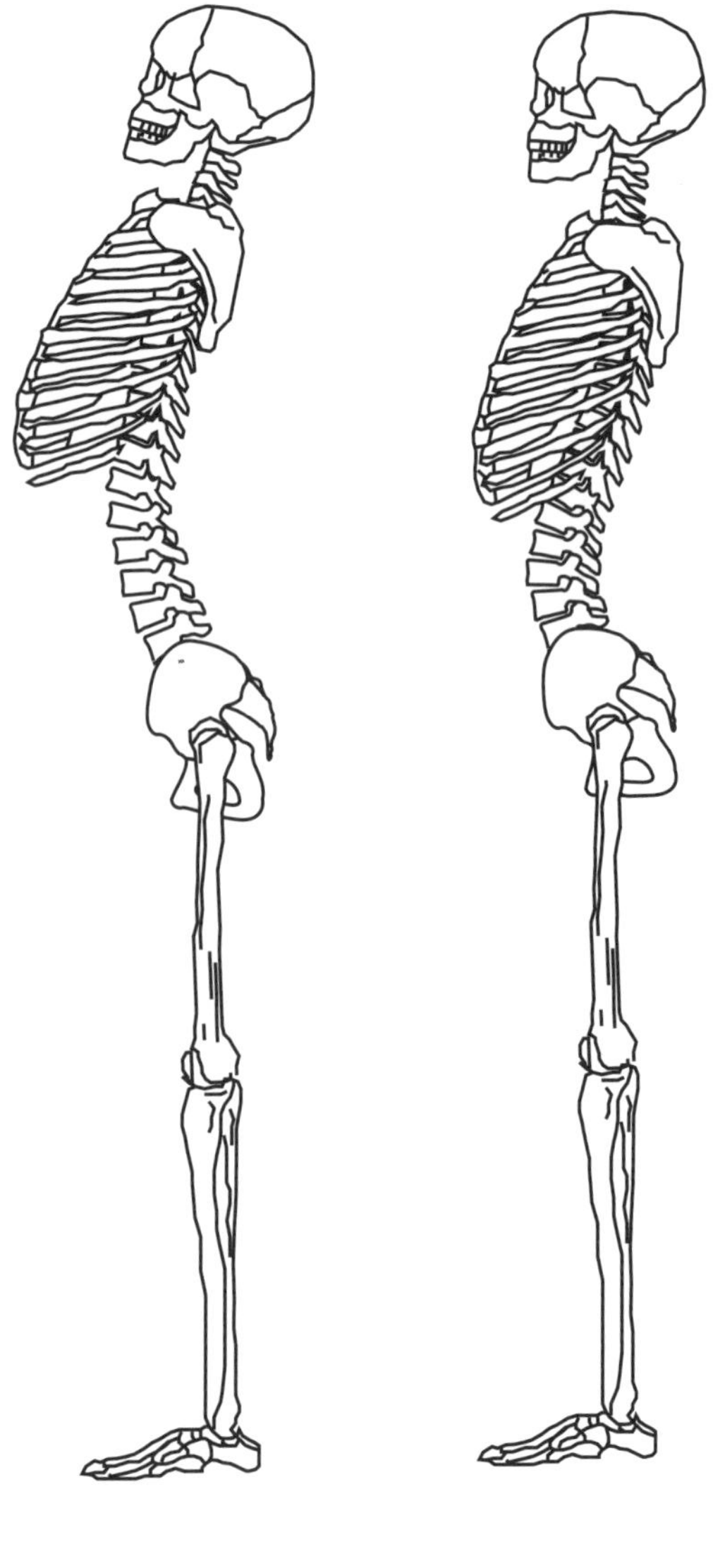

リラックスして床に横たわると、背骨は最も自然なカーブを描く。

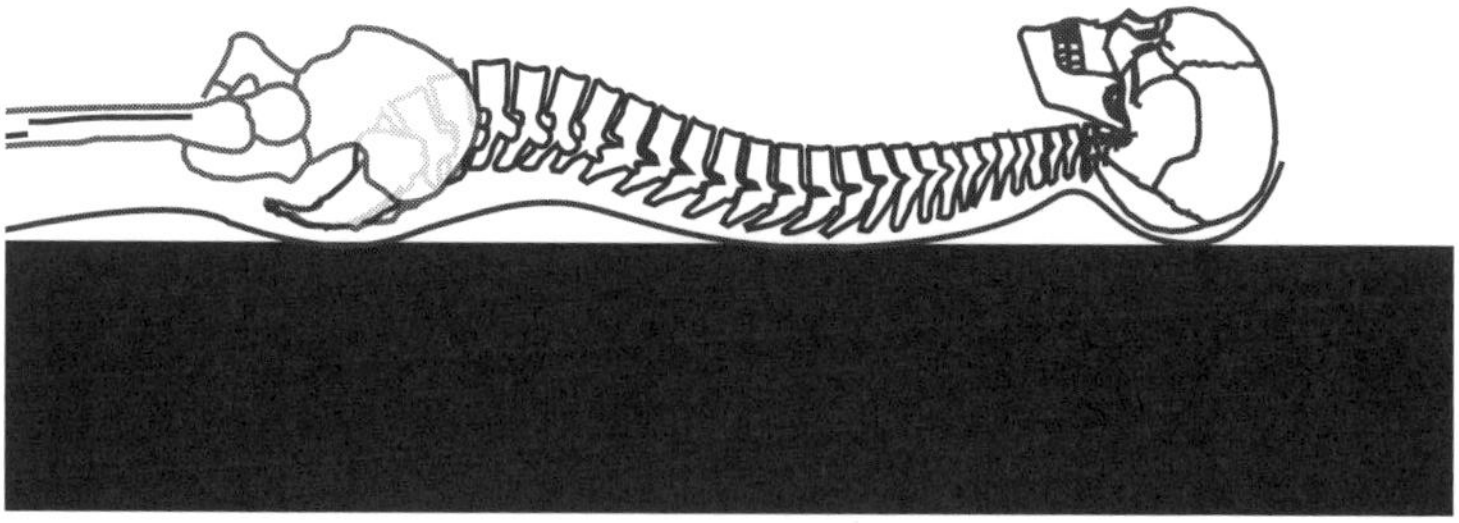

きません。呼吸法は非常に重要です。

正しい脊椎の湾曲状態を理解するため、まずは床に仰向けになり、リラックスした状態で伸びる練習を行います。仰向けになり、思い切りリラックスしてください。まるで眠るように力を抜き、ゆったりと横たわります。この際、脊椎の形状や骨盤の角度を意識せず、本当にリラックスできている状態では、背中が床にしっかりと接している部分が最も自然なカーブを保って床に接するようになります。このカーブの位置、すなわち脊椎の湾曲のあり方が非常に重要です。

まず、背骨上部で床にしっかり接している部分は、多くの場合、左右の肩甲骨を結ぶ線のすぐ裏、すなわち肩甲骨のやや下部です。次に、腰部にかけてカーブが次第に盛り上がり、床との間に隙間が生じ、その後、お尻の部分が再び床にしっかり接します。

特に、肩甲骨のやや下に位置する上部のカーブが重要です。この部分の湾曲の頂点は「一次湾曲」と呼ばれ、これが上下にずれないよう注意してください。仮にこの状態で胸を大きく張って全身を伸ばそうとすると、腰椎の反りが強まり、湾曲の位置が上方にずれてしまいます。脊椎の湾曲の位置を維持しつつ、体全体の外形は変えず、足の裏から頭頂部に向かって内部の距離を広げるように伸びることが求められます。見た目に大きな変化はなくとも、体内で正しく伸びる動作が働いていることが重要です。

また、正しく伸びるためのポイントとして、「意識の向け方」も非常に大切です。これは、意識の向け方における【内部焦点】【外部焦点】という要因で説明されます。

- 内部焦点とは、身体の各部分や動作そのものに過度に注意を向けることで、意図しない筋肉の緊張や不自然な動きを招く状態です。
- 外部焦点は、動作の成果や周囲の環境に意識を向けることで、より自然で自動的な動作が促進されるとされ、パフォーマンス向上に寄与します。

人間の運動パフォーマンスは、単に筋力や技術だけで決まるものではなく、思考や注意の向け方、すなわち「どの部分に意識を向けるか」という心的状態が大きく影響しています。ここでの「内部焦点」とは、身体の各部位やその動作、筋肉の収縮や関節の角度といった感覚に意識が向く状態を意味します。内部焦点に陥ると、普段は自動的に行われている運動に対して脳が過剰な介入を行い、結果として自然な動作パターンが阻害されてしまいます。

一方で、「外部焦点」とは、動作そのものではなく、その結果や環境中の目標、対象物に意識を向ける状態を指します。たとえば、ジャンプ時にゴールやターゲットに視線を向けるといった行動がこれに当たります。外部焦点により、身体への過剰な意識が散らされ、脳は自動的な運動制御システムによる効率的な動きを実現することが可能になります。結果として身体操作がより効率的かつ一体化したものとなります。

脊椎の自然な彎曲を保とうとする意識が過剰になると、逆に不自然な筋肉の緊張を引き起こし、どこかに力が偏ってしまう事が多いので、強く胴体を伸ばすように力むのではなく、頭頂部を「スッと」上に向かわせる、という自然なアプローチを心がけましょう。

それでは、正しい「伸びる」動作を実践することで、身体にどのような変化が生じるか、実際に体感していただきましょう。

実践の手順

①リラックス状態での持ち上げ

・床に仰向けに寝転びます。
・パートナーがあなたの腰の下に手を回し、ゆっくりと持ち上げます。
・同じ体格の方であれば、腰の重さのみとなるため、容易に持ち上がるはずです。

②表層筋を締めた状態での持ち上げ

・仰向けの状態から、腹筋や背筋などの体幹部の筋肉をしっかりと緊張させ、身体を縮めるように力を入れます。
・その状態で再び、パートナーにゆっくりと持ち上げてもらいます。
・①の状態と比べると、体幹の緊張により上半身と下半身がやや連結し、持ち上げた瞬間に重さが一気に感じられるでしょう。

③正しい姿勢で「伸びる」状態の持ち上げ

・仰向けの状態で、足は軽く閉じ（ピタッと閉じなくても自然な感じで構いません）、膝は伸ば

「伸びる」ことによる体の変化の検証

床に寝て、パートナーに腰を持ち上げてもらう。

①リラックス

リラックスして寝ているだけならば、持ち上げるのは腰の重さのみなので容易に上がる。

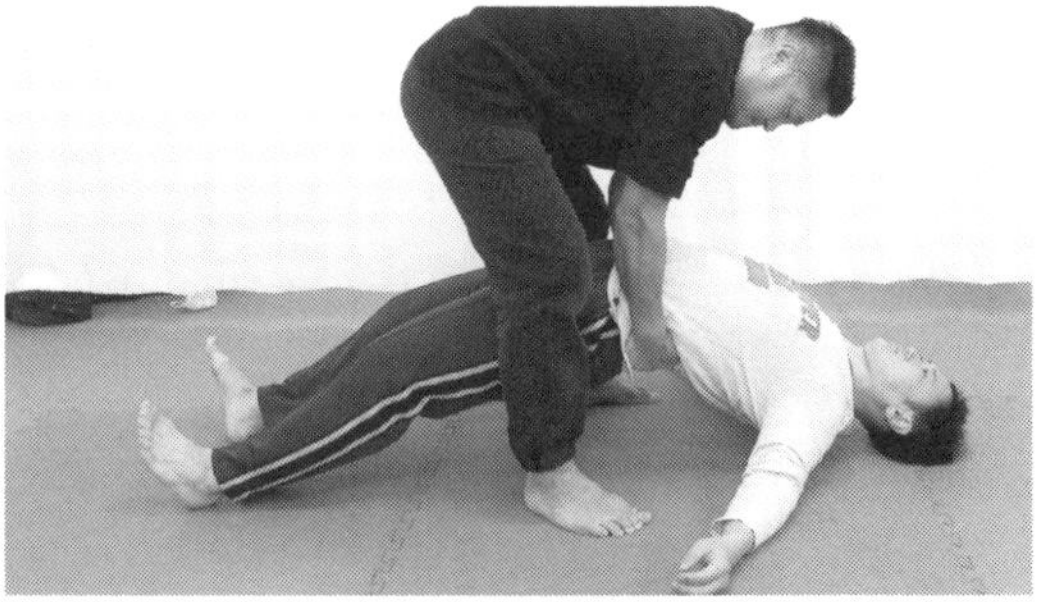

②表層筋を締める

腹筋や背筋など、締めやすい体幹部の表層筋に力を入れると、①に比べて重く感じられる。

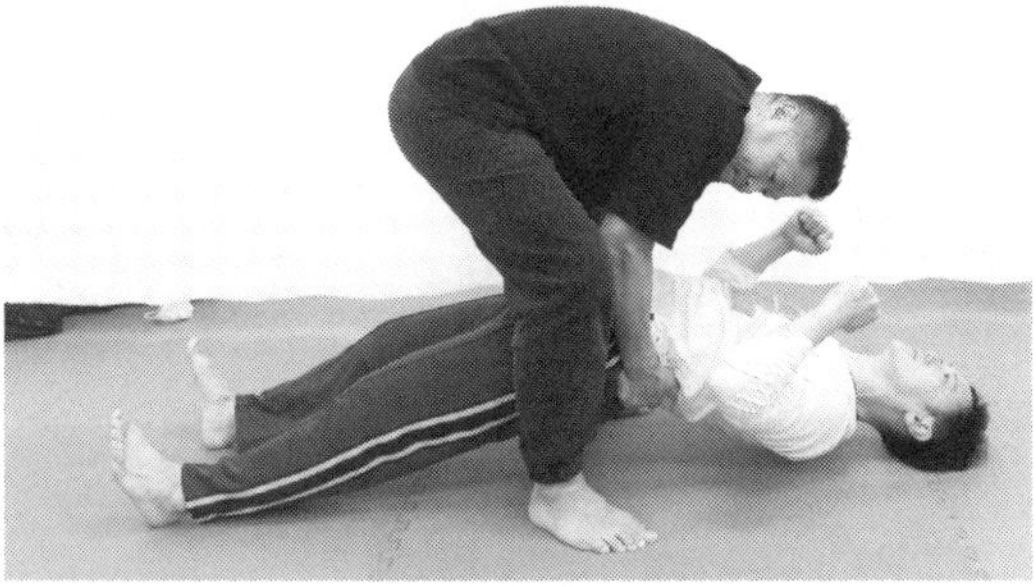

③伸びる

正しい姿勢（背骨の状態）を維持しながら頭頂部がまっすぐ引き伸ばされるように伸びると容易には上げられないほど重くなっている。

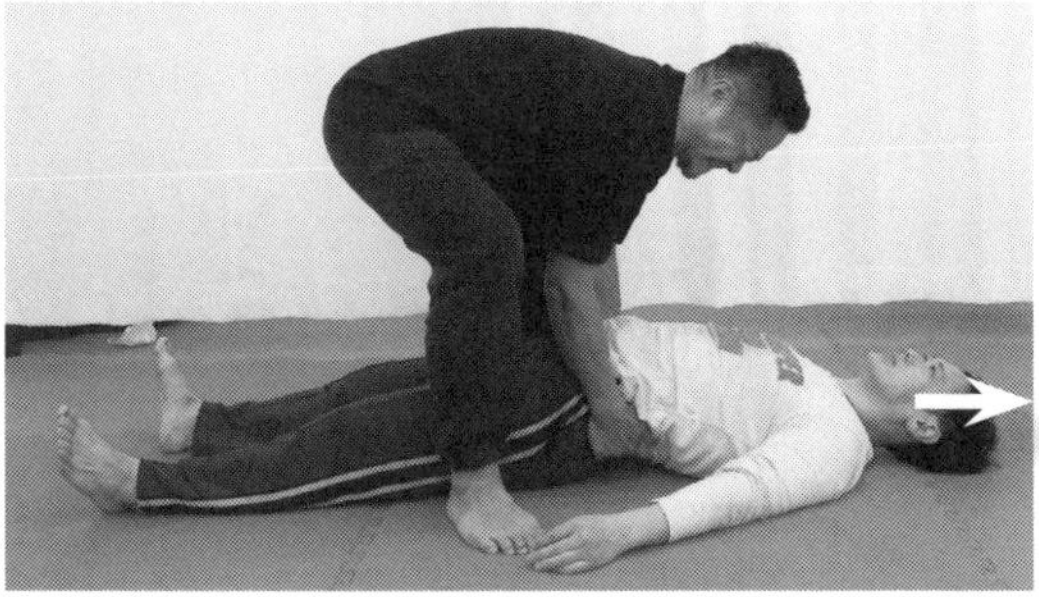

します。

・先に解説した正しい姿勢（お尻と背骨の一次湾曲が床に接している状態）を維持しながら、脊椎や胴体の形状を崩さず、頭頂部がまっすぐに引き伸ばされるように伸びます。

・この状態で、息を吐きながら自然に「伸びる」ことを意識してください。

・その後、パートナーに再び腰を持ち上げてもらいます。すると、①や②の場合よりも全体が微動だにしない重さを感じるはずです。

ちなみにこれは実際に体重が増加するわけではなく、単に重さを「感じる」現象にすぎません。

正しい伸びる動作の効果

正しい形で「伸びる」状態が保たれている場合、あえて強い実感が得られなくても問題ありません。逆に、強く伸びたという感覚がある場合、胸を張ったり腰を反らせたりして、意識しやすいアウターマッスルが過剰に収縮している可能性があり、本来のインナーマッスルの働きが十分に発揮されていないことを示しています。

各状態での違い

【①の場合】

リラックスしているため、上半身と下半身が分離しており、実際には腰の重さのみが持ち上げられます。徐々に上半身と下半身の重さが加わるため、全体としては軽く感じられます。

【②の場合】

腹筋や背筋の緊張により、上半身と下半身が若干連結します。そのため、持ち上げた瞬間に重さが一気に増し、①よりも重く感じられます。ただし、表層の筋肉だけでは全身の一体感は得られず、大きな変化は生まれません。多くの方は、体幹表面の筋肉を無理に締めることで身体を統一しようとする傾向があります。

【③の場合】

正しい伸びによって、脊椎周辺のインナーマッスルが、腰椎の伸展と屈曲を拮抗させながら協調的に収縮し、上半身と下半身をしっかりと連結させる状態が作られます。この状態で持ち上げると、胴体の撓みがほとんどなくなり、頭から足先まで全体の重さが一気に感じられます。その結果、全体重が急に感じられ、容易に持ち上がることはできなくなります。

以上の実践と解説を通じ、正しい「伸びる」動作が上半身と下半身を一体化させ、体幹の深層部の働きを引き出す重要なステップであることを実感していただければと思います。

このように、正しい「伸びる」動作により、上半身と下半身の連結が強まり、持ち上げた瞬間に感じる重さも大きく異なります。そしてこの動き自体が、力感や実感が持てないものだということも理解できると思います。

さらに、この③の正しい伸びた姿勢を保ったまま、腹式呼吸を10回程度繰り返してください。特に、息を吐くときの方法が重要です。お腹を張ったまま息を吐くのではなく、吐くにつれてお腹を絞っていきます。これ自体が、伸びる姿勢の鍛錬となります。繰り返し実践し、正しく真っ直ぐに伸びたときの身体の感覚をじっくりと感じ取ってみてください。

6 湾曲を保って強く吐き絞る練習

それでは、立位での伸びの練習に移る前に、まず最も大切な注意点をお伝えします。立位になると、腰の前後方向の自由度が増すため、床に触れた感覚を頼りに確認した脊椎の湾曲が容易に変化してしまいます。したがって、姿勢の状態を十分に感じ取りながら、伸びる際に胸を張ったり背中を反らせたりしないようにしてください。このポイントを守らなければ、本来求めるべき姿勢の力が発揮されなくなります。

湾曲を使って強く吐き絞る練習

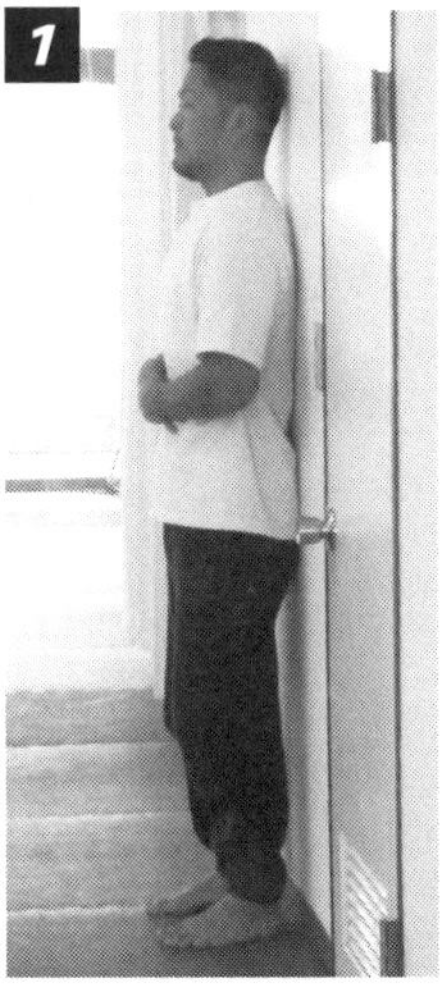

お尻と背中の一次湾曲の部分を壁につけ、かかとと後頭部を壁から3～5センチ程度離して立ち、膝はしっかり伸ばす。

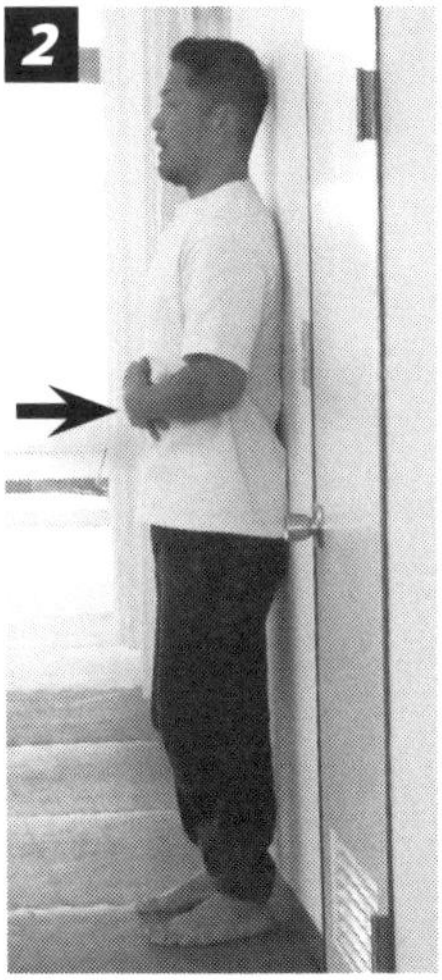

背中のラインを崩さないように、鼻からスッと息を吸い、口から力強く息を吐き出す。呼気が十分になるよう、お腹が十分に凹むように意識する。

先に説明したように、左右の肩甲骨を結ぶ線の後ろ側、すなわち肩甲骨のやや下に位置する一次湾曲の部分と、お尻を壁にぴったり寄せた状態にします。かかとは壁から3～5センチ程度離して立ち、膝はしっかり伸ばしてください。後頭部も、かかとと同様に壁から3～5センチ程度離します。

なお、仰向けの姿勢の場合と異なり、立位では頭と踵が背中のラインと一直線になっていない点に留意してください。これは立位での軸バランスに関わる問題であり、体型によっても若干異なるため、ここではひとまず後頭部と踵を「少しだけ壁から離す」と理解してください。

あえて申し上げるなら、踵にもつま先にも重心が偏らない、バランスの取れた位置を基準にして、壁からの適切な距離を調整してください。おそらく、踵を壁にピッタリ付けた状態では重心がつま先に偏り、逆に壁から離しすぎると踵に偏るでしょう。どちらにも偏らない位置を見つけることが大切です。

背中を壁に沿わせますが、接しているのはお尻と一次湾曲の部分のみです。

壁に沿った背中のラインを崩さないように、鼻からスッと息を吸い、口から力強く息を吐き出します。呼気が十分な深さになるよう、強く吐くことで胴体がしっかりと凹むように意識してください。日常生活ではそこまで強く息を吐く機会が少ないため、呼気を強める練習として、細いストローを咥えて抵抗をかける方法をおすすめします。

壁際で伸びる鍛錬①

次に、先ほどの呼吸に合わせ、息を吐きながら「伸びる」動作を加えます。

寝た状態で伸びたときと同様、お尻と一次湾曲が壁に接している点を維持しつつ、脊椎の形や胴体の外形を変えず、足の裏から頭頂までの距離を引き伸ばすように伸びます。

息を十分に吐きながら伸びる際、一次湾曲のピークの位置が上にずれたり下に下がったりしないように注意してください。

壁際で伸びる鍛錬①

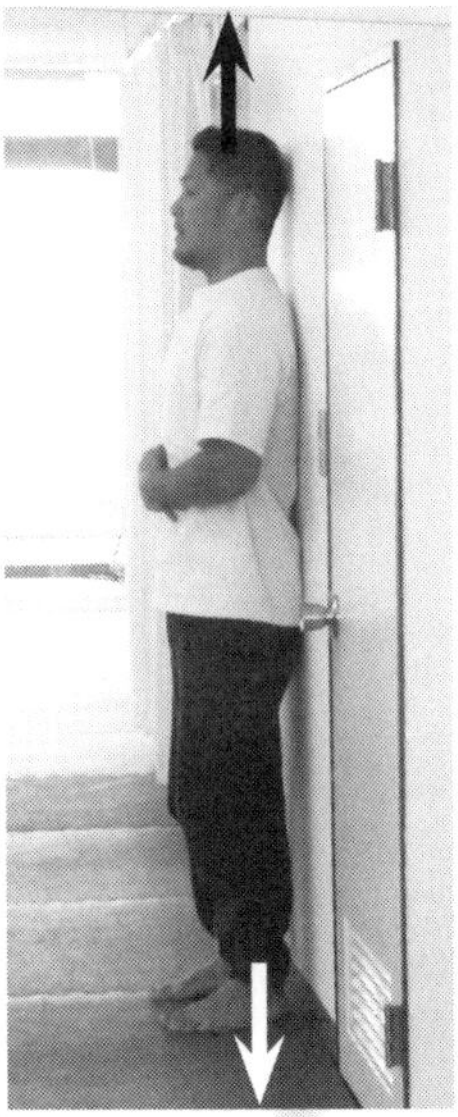

お尻と一次湾曲部分が壁に接している状態で、脊椎の形や胴体の外形を変えず、足の裏から頭頂までの距離を引き伸ばすように伸びる。
一次湾曲の位置が上下にずれないよう注意しながら、強い伸びを10～20呼吸分繰り返す。
息を吸うときは伸びを緩め、吐くときに強く伸ばす。

壁に接している箇所がずれないよう、丁寧に実施しましょう。もし接している場所が変化してしまった場合は、姿勢が崩れている証拠です。息をしっかり吐きながら、伸びる動作と呼吸を一致させる感覚をじっくりと養ってください。

強い伸びを10～20呼吸分、繰り返します。

息を吸うときは伸びを緩め、吐くときに強く伸ばしてください。

壁際で伸びる鍛錬②

膝を伸ばして立ち、全身で伸びる感覚を呼吸に合わせて感じられるようになったら、次に発展系として、膝を曲げて腰

壁際で伸びる鍛錬②

お尻と一次湾曲部分が壁に接している状態で、脊椎の形や胴体の外形を変えず、腰を落とした状態で。腰の高さを一定に保ちながら呼吸に合わせて伸びる。
この状態で強い伸びを10～20呼吸分繰り返す。息を吸うときは伸びを緩め、吐くときに強く伸ばす。
①では全身を伸ばしたが、ここでは上半身だけになる。

を落とします。

　このときも、背中の一次湾曲とお尻が壁にしっかり接している状態は維持します。また、かかとと頭もわずかに壁から離しておきます。

　腰を落とした状態で、腰の高さを一定に保ちながら、呼吸に合わせて伸びる動作を練習してください。

　膝を曲げた状態では、伸びる感覚は腰から骨盤、みぞおちにかけて、すなわち上半身だけを伸ばすイメージになります。

　なお、膝を伸ばしたときは踵にもつま先にも重心が偏らない位置を意識していましたが、膝を曲げると足裏の接地が変化し、つま先に重心が偏ることがありますが、そのままで問題ありません。さらに重心を後

壁際で伸びる鍛錬③

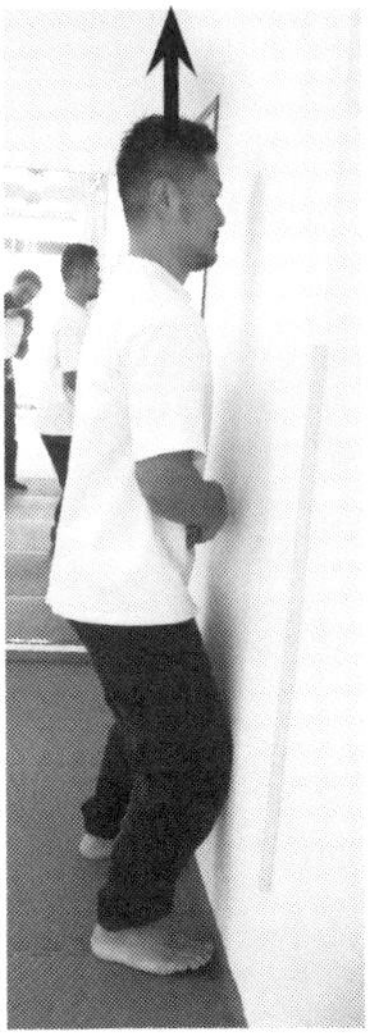

壁に向かって立ち、つま先と両膝を壁に軽く付け、軽く膝を曲げた状態で立ち、体をまっすぐ上に伸ばすことを意識する。腰が反らないように、壁と自分の上半身が平行になるように上方へ伸びるイメージで。
この状態で強い伸びを10～20呼吸分繰り返す。息を吸うときは伸びを緩め、吐くときに強く伸ばすように。

ろに戻す必要はありません。

この状態で強い伸びを10～20呼吸分、繰り返してください。

息を吸うときは伸びを緩め、吐くときに強く伸ばします。

先ほどは全身を伸ばしましたが、今回は上半身だけの伸びる感覚を養成することが目的です。

壁際で伸びる鍛錬③

次に、壁際での伸びる鍛錬の第3ステップとして、壁に向かって立ちます。

つま先と両膝を壁に軽く付け、軽く膝を曲げた状態で立ち、この状態で体をまっすぐ上に伸ばすことを意識します。

壁と自分の上半身が平行になるように上方へ伸びるイメージを持ってください。このとき、踵に重心が偏っても問題ありません。

なお、伸びようとすると腰を反ってしまう人が多いため、腰が反らないように確認しながら伸びる必要があります。そのため、両手のひらを重ねておへその上に置き、下腹部と壁の間にスペースを作ります。このスペースが保たれることで、不自然に腰を反らせようとするとお腹が壁に近づくのを防げます。

また、適切な脊椎の湾曲は深層筋の力を最大限に活用するために非常に重要ですが、立位でこの湾曲を維持しながら伸びようとすると、どうしても胸を張り、腰が反りがちになります。

多くの場合、「気をつけ」の姿勢が正しいと誤解され、無意識に胸を張ってしまうためです。

これを避けるためのヒントとして、胸の表面をなで下ろすように力を抜き、やや背中側を上に持ち上げつつ頭頂の一点を引き上げると、姿勢が整いやすくなります。

ただし、背中ばかりに意識を向けすぎると、顔が前に下がりうつむいた姿勢になってしまうので注意してください。

この状態で強い伸びを10～20呼吸分、繰り返してください。

息を吸うときは伸びを緩め、吐くときに強く伸ばすようにしてください。

7 胴体の感覚を明確化する鍛錬

この「伸びる動き」は、脊椎周辺にある体幹深層筋の働きを引き出す手段であり、体を単に伸ばすこと自体が目的ではありません。したがって、初級段階で全身を使って強い伸びる感覚を繰り返すだけでは、実際の動作において有効な力として活かすことは難しいのです。

では、どのように進めるかというと、まず全身で伸びていた感覚から、リラックスすべき部分を少しずつ緩め、体幹の奥深くの筋肉だけに意識を向けられるよう、体の各部位の意識を分離する必要があります。その準備として基本の体操があり、伸びる感覚に慣れてきたら次の運動に移ります。

下半身の力を抜く練習

① 先ほどの壁に向かって立ち、つま先と両膝を壁に付けた状態で伸びる運動を行います。
② その運動に「膝を壁に強く押しつける」という動作を加えます。

下半身の力を抜く練習

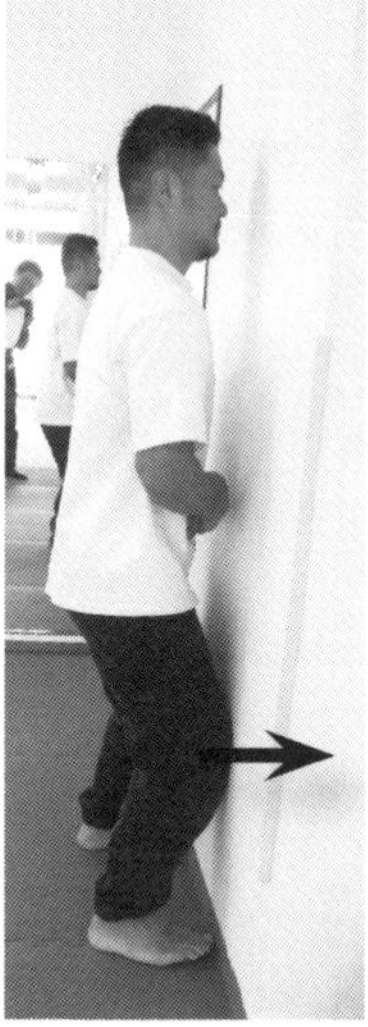

壁に向かって立ち、つま先と両膝を壁に付けた状態で、膝を壁に強く押し付けつつ、伸びる運動を行う。
壁を強く押すためには踵と床をしっかり踏みしめる力が必要。

・壁を強く押すためには、踵と床をしっかり踏みしめる力が必要です。
・踵を踏みしめ、膝で壁を押す力は、胴体が強く伸びることに伴って発揮される深層筋の働きと連動します。深層筋の働きが十分でなければ、膝や踵に力が伝わりません。

多くの方は、膝を壁に押し付けようとすると体が後ろに倒れそうになり、安定して立つことが難しく感じるかもしれません。しかし、脊椎周辺がしっかり締まることで、上半身と下半身の間の隙間がなくなり、膝を強く押す感覚が徐々に強まります。伸びる動作に連動して、太ももや膝に力が入り、膝が持ち上がり、腰が浮き上がりそうになることもよくあります。

この運動では、伸びる動作により生じる下半身の連動的な緊張を抑え、下半身はリラックスした状態を保つことが重要です。この感覚を養うことが大切であり、正しい伸びる姿勢に伴う筋肉の収縮が発揮されているかを確認するための重要な基準となります。

立って伸びる

次に、壁から離れて立った状態で伸びる運動を行います。

①直立状態の基本姿勢

- 足を軽く左右に開き（肩幅より狭い程度）、膝を伸ばして直立します。

②重心の位置を探す

- 前後に体を揺らし、踵でもつま先でもなく、その中央に重心が乗る位置を見つけます。
- 土踏まずの一点に意識を集中するのではなく、「つま先にも踵にも偏らず、足の裏全体が均等に床に接している状態」を探すと良いでしょう。

- 具体的には、立った状態でつま先を浮かせたり踵を浮かせたりする動作を交互に繰り返し、どちらも浮かせることができない、つまり足の中央に重心が乗る状態を目指してください。

③直立状態での伸び動作

立って伸びる

①直立状態の基本姿勢

足を軽く左右に開き（肩幅より狭い程度）、膝を伸ばして直立する。

②重心の位置を探す

前後に体を揺らし、踵でもつま先でもなく、その中央に重心が乗る位置を見つける。

③直立状態での伸び動作

足の裏から頭頂までの距離を、呼気に合わせて引き伸ばすように力を働かせる。体の外形は変えず、体が前後に揺れないように注意して行う。

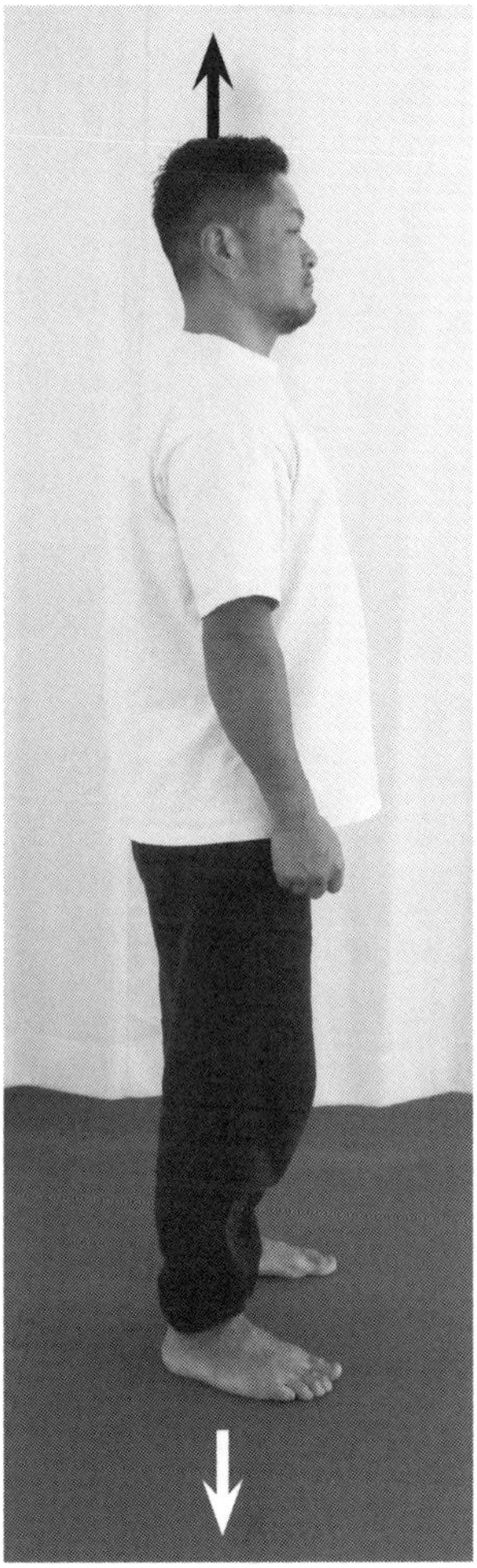

- 足の裏から頭頂部までの距離を、呼気に合わせて引き延ばすように力を働かせます。
- 胸が上がったり腰を反らせたりせず、体の外形は変えず、体が前後に揺れないように注意しながら行ってください。

この直立状態での強い伸びを、10～20呼吸分繰り返します。
息を吸うときは伸びを緩め、吐くときに強く伸ばしてください。

立って伸びる（応用）

以下のステップで、さらに体幹の感覚を深化させます。

① 膝を曲げて腰を落とす動作

- 直立状態を維持したまま、膝の後ろ側から力が入るように感じながら、膝をカクっと曲げ（完全に伸ばしきった「伸展角」から約20～30度くらい）、腰を「真下に」ストンと落とします。
- 単に膝を曲げて下がるのではなく、腰が引けず、必ず「ストンと下に落ちる」という感覚を厳守してください。

② 腰を落とした状態で胴体を伸ばす

- これにより、重心は若干つま先寄りになりますが、そのままで問題ありません。

立って伸びる（応用）

①膝を曲げて腰を落とす動作

直立状態を維持したまま、膝の後ろ側から力が入るように感じながら、膝をカクっと曲げ（完全に伸ばしきった「伸展角」から約20～30度くらい）、腰を「真下に」ストンと落とす。

②腰を落とした状態で胴体を伸ばす

腰を落とした状態を維持しながら、更に胴体をしっかり伸ばし、直立した姿勢を保つ。

③伸びた状態を維持しながら腰を下ろす

その状態で、さらに強い伸びと呼吸を続ける。

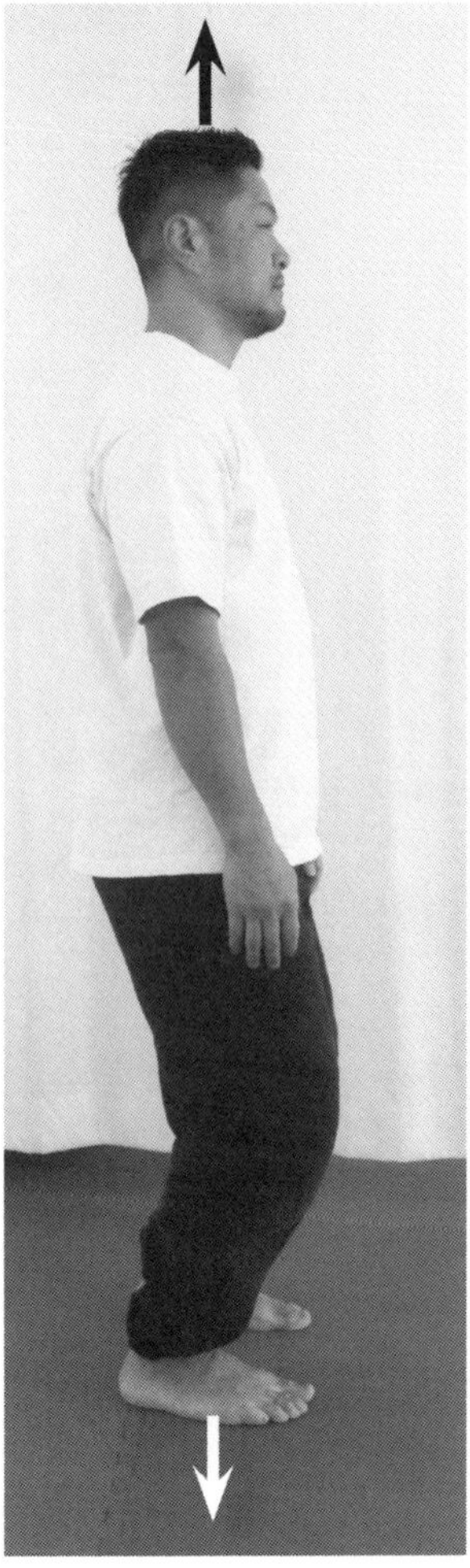

・腰を落とした状態を維持しながら、更に胴体をしっかり伸ばし、直立した姿勢を保ちます。
・下半身は極力リラックスさせ、伸びようとする動作につられて膝に余計な力が入らないように注意してください。

③ 伸びた状態を維持しながら腕を下ろす

・伸びる動作を強く保ったまま、腕を下ろし、姿勢を維持します。
・その状態で、さらに強い伸びと呼吸を続けてください。

この応用動作においても、強い伸びを10～20呼吸分繰り返します。息を吸うときは伸びを緩め、吐くときに強く伸ばすようにしてください。

なお、伸びる鍛錬を通じて見た目の姿勢に変化が生じてはなりません。全力で伸びたとしても、実際に背骨が伸びるわけではなく、もし姿勢が変わっているとすれば、それは正しい伸びではなく、体が歪んでいる証拠です。

一言で「伸びる」と言っても、実際に体内で起こる複雑な筋運動をすべて説明するのは容易ではありません。この姿勢から内側に漲る力を実感できるようになるまでは、練習を重ねることが大切です。やがて、自然と強い力が湧いてくるとともに、体の変化からその原理が自然に理解できるようになるでしょう。

閉眼片足立ち

片足立ちになり、目を瞑る。
膝を上げた足は軸足に固定せずブラブラさせておき、腕は組むか腰に固定したりして両手でバランスを取れないようにする。
このまま出来るだけ長く立ち続ける。

8 閉眼片足立ち

先の章でも紹介した片足立ちですが、姿勢の鍛錬とて非常に効果が高いものです。私もこれは暇さえあれば実施しています。

「立つ」うえで必要な体全体の姿勢制御システムを活性化させ鍛えることが出来ますので、是非取り入れてみてください。

① 片足立ちになり、目を瞑ります。
② 膝を上げた足は軸足に固定せずブラブラさせておきます。
③ 腕は組むか腰に固定したりして、両手でバランスを取れないようにします。
このまま出来るだけ長く立ち続けてみましょう。

ジャンプ

足を左右に開かず揃え、その場で高くジャンプを繰り返す。
着地のたびに準備体勢を整えるのでなく、着地後すぐに「ポンポンポン」と連続して跳ぶ。
重力に逆らって高く跳ぶことによって、重力に対して最も抗えられる姿勢を見つける。

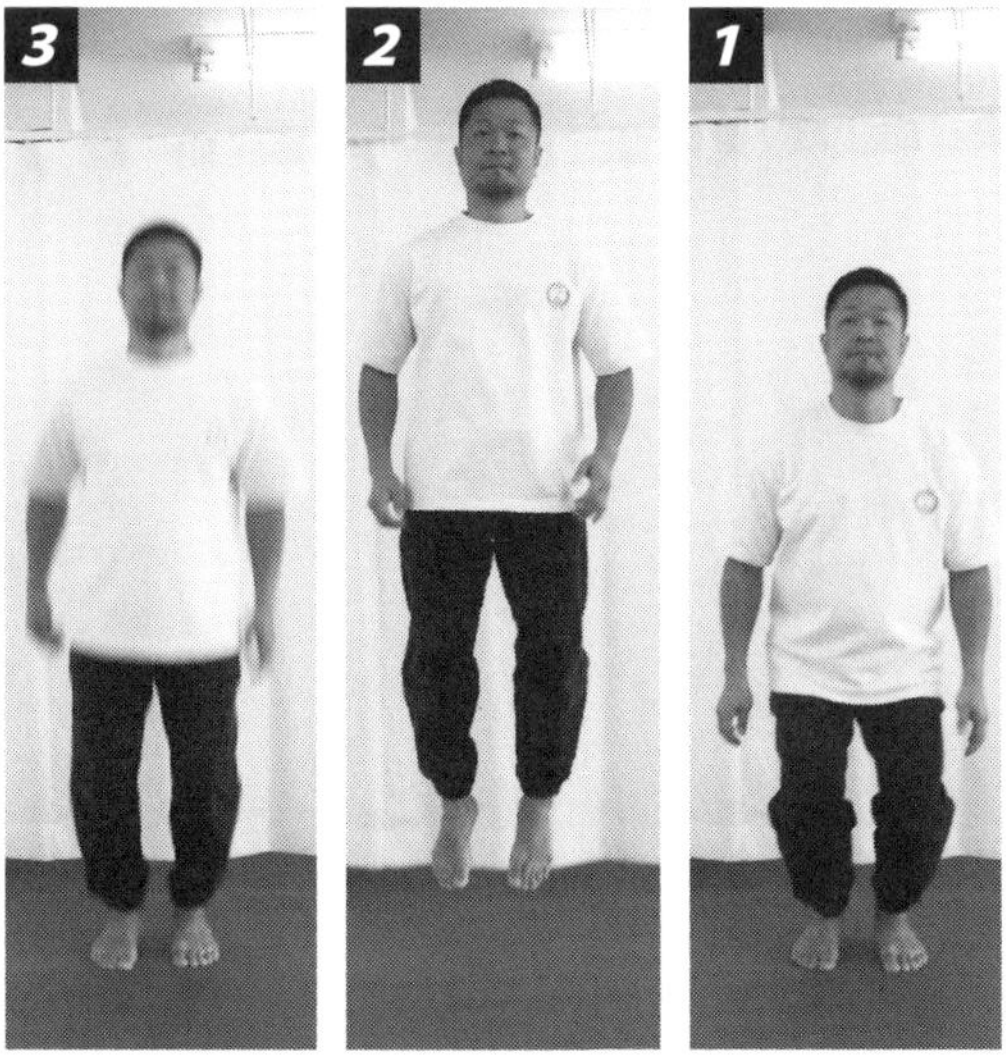

最初1分くらいを目標に、慣れたら少しずつ時間を伸ばして頑張ってみましょう。

9 ジャンプの有効性

体の軸を整えるには、前後のバランスが重要です。これを簡単に調整する方法として、ジャンプをおすすめします。

足を揃え、左右に開かず、その場で高くジャンプを繰り返してください。

着地のたびに準備体勢を整えるのではなく、着地後すぐに「ポンポンポン」と連続して跳び、ポイントは頭のてっぺんを真上に向け、重力に逆らって高く跳ぶことです。着地時にボールのように弾むことで、前後のバランスが自然に整いやすくなります。

軸の安定は、重力に対して無駄なく抗えられているかどうかにかかっています。歪んだ力が加わると、特定の部位に負担がかかります。人体には、重力に対して最も楽に抗えられる姿勢があり、この姿勢を見つけることが正しい姿勢を確立する鍵となります。

繰り返しジャンプを続けると、もし重力方向に正しく立てていなければ、綺麗に跳び続けることはできません。そのため、自然と重力にまっすぐ立つ感覚が身につきます。特に、前後のバランスが崩れやすい猫背や反り腰の人に有効で、猫背の人は姿勢が改善され、反り腰の人は胸を張る癖が和らぎます。

なお、縄跳びではなく、何も持たずにジャンプする方が効果的です。縄跳びはロープのタイミングに左右され、純粋に上へ跳ぶ意識がしづらいためです。

ジャンプにはもう一つの効果があります。着地と同時に跳ね上がることで、地面からの衝撃を瞬時に足先から体幹へ返す連鎖が生じ、インナーマッスルが活性化されます。これはクローズドキネティックチェーンによる運動連鎖の感覚であり、繰り返すことで背骨周辺のインナーマッスルの活性化、姿勢の調整、そして体幹の強化につながります。

私自身、以前は毎日その場でジャンプを続けていました。当時は理論的な理解はなかったものの、軸の安定や全身の統一化に効果があると直感していたからです。

強くジャンプできない場合は、体を上下に揺するだけでも効果があります。この際も、重力線を意識しながら垂直に動くことが大切です。音を立てられない環境や、下半身の筋力が弱い場合にも適した方法です。

10 壁押しトレーニング

壁押しは、体幹の安定性を高め、パンチ力を向上させるための効果的な鍛錬です。このトレーニングの成果は、直接的にパンチ力に反映されます。体幹が安定し、必要な筋肉が適切に機能しているかどうかを客観的に確認できる方法でもあります。

まず、壁に向かって肩幅に足を開き、膝を軽く曲げて立ちます。両手を壁につけ、肘を90度くらいに曲げて壁に近づきます。壁との距離は約30〜50センチに保ちましょう。

そして、両手のひらで壁をゆっくりと押していきます。強く押すと体が後ろに反り、転倒しそうになります。これは、足が横に開いているため、前後の力に対して体が不安定な姿勢になっているからです。前後に足を開けば安定しますが、この姿勢は前後からの力に弱いからこそ体幹の強化に効果的なのです。

壁を押すことで、壁からの反力で体が後ろに押されているのを感じます。押す力が増すほど、後ろに押される力も強くなります。普通に立っている状態では、ほんの少し押しただけでも、バランスを崩しそうになるはずです。

そこで、体幹の筋肉を収縮させて安定性を高めます。ここで重要なのは、腹筋や背筋といった表面の筋肉ではありません。先に習得した「伸びと呼吸」の姿勢で導き出されるインナーマッスルの収縮です。息を吸い込み、息を強く吐き出すことでインナーユニットを収縮させます。同時に、腰から上半身を背骨の自然なカーブを保ちながら伸ばし、脊椎周辺の筋肉を収縮させます。

この状態を作り出しながら壁を押すと、耐えられる力が向上します。最初は微妙な差に感じられるかもしれませんが、「伸びと呼吸」の姿勢を維持している場合とそうでない場合とでは、耐えられる力の差は明らかです。

これを繰り返し行うことで、呼吸と伸びによって鍛えられる体幹深層筋が強化されます。勢いよく押すのではなく、ゆっくりとじっくりと、立った状態でごく少ない力加減で壁を押してください。

体が後ろに反りそうになった場合は、一旦壁を押すのを中断し、「伸びと呼吸」の正しい姿勢を再確認・整えた後、再び壁を押します。ある程度の力を加えると再び体が反りそうになる場合

壁押しトレーニング

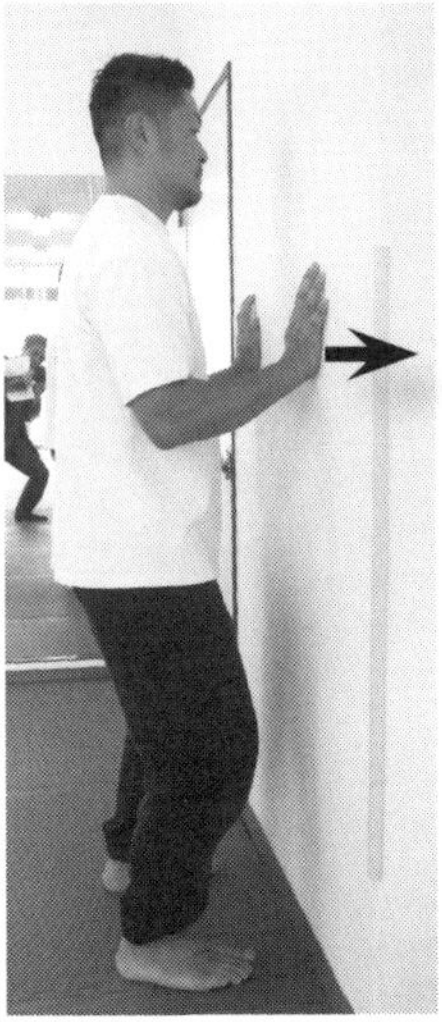

まっすぐ立ち、壁に寄りかからず、姿勢を丁寧に意識しながら少しずつ壁を押せる力を高めていく。
壁を押したときの反力が背骨周辺の筋肉の収縮として感じられるようになれば、体幹が適切に機能している証拠。
最後に10呼吸～20呼吸程度、このトレーニングを繰り返す。

は、姿勢がまだ不十分である証拠です。その場合は、さらに体幹の安定性を高めるための意識を持ち、壁を押す動作と姿勢の強化を繰り返しましょう。

このトレーニングを続けることで、体幹の固定力が向上します。目的は、10キロや20キロといった大きな力に耐えることではなく、インナーマッスルを意識的に活用して体の安定性を高めることにあります。丁寧な動作を心がけ、壁を強く押すことに偏り、重心が前に傾いたり、壁に寄りかかったりしないよう注意してください。これでは、繊細なインナーマッスルを鍛える目的が達成できません。

まっすぐ立ち、壁に寄りかからず、姿勢

を丁寧に意識しながら、少しずつ壁を押せる力を高めていきます。壁を押したときの反力が、背骨周辺の筋肉の収縮として感じられるようになれば、体幹が適切に機能している証拠です。

もし、壁を押した際に腕が疲れやすかったり、どこにも十分な力が感じられずふわふわとした感覚がある場合は、正しい姿勢が取れていない可能性があります。正しい姿勢を見直し、再度チャレンジしてください。

最後に、10呼吸〜20呼吸程度、このトレーニングを繰り返します。息を吸うときは力を緩め、吐くときにしっかりと力を発揮してください。

12 棒の鍛錬

秀徹の基本鍛錬である棒を使った練習法をご説明します。これは秀徹創設当初から行われており、オンラインクラスでもほぼ毎回実施しているほど基本的な稽古です。

秀徹の身体操作の重要なメソッドが凝縮された、基本中の基本と言える鍛錬です。

この鍛錬はシンプルですが、正しく行うのは非常に難しく、高度な理解が求められます。細かいニュアンスは言葉だけでは伝えにくいため、実際に指導を受けることが理想です。会員の方々も、長年取り組んでいてもその難しさを感じているようです。

そしてこの鍛錬の重要性を見出すことも最初は難しいと思いますが、実はこれこそ秀徹の目標とする突きの威力の質を変えることに大いに関係しています。

がむしゃらにやるのではなく、力の帰り方を丁寧に観察し、正しい姿勢と運動連鎖を見つけることを目指して、コツコツと続けてください。

棒押し

まず、足を肩幅に開き、やや腰を落として、まっすぐに立ちます。伸びの姿勢を意識して、体の前に棒を垂直に立て、両手で棒の上部を握ります。鼻から息を吸い上げたあと、息を吐きながら、棒を床に押しつけるようにゆっくりと力を加えます。

この運動は、体の姿勢が伸び、体幹のブレがない状態を維持したまま、手を棒に沿って下に力を加えることで、体は上に伸びるような力、手は下へという逆方向の力を同時に体感するものです。

一番大切な事は、この稽古は、棒をどれだけ強く床に押せるかを鍛えるものではありません。力を発するときの身体の運用を学ぶものだと理解しなければ、単なる上半身の筋肉トレーニングになってしまいます。

棒押し

足を肩幅に開き、やや腰を落としてまっすぐに立つ。
伸びの姿勢を意識して、体の前に棒を垂直に立て、両手で棒の上部を握る。
呼吸に合わせて、息を吐きながら、棒を床に押しつけるようにゆっくりと力を加える。
体は上に伸び、手は下へという逆方向の力を同時に体感する。
10呼吸~20呼吸くらい繰り返す。

腕に力を入れると、その反動が腕に返ってきます。しかし、正しく伸びの姿勢がとられてインナーマッスルが効いた、体幹が固定された状態であれば、不思議にも棒を押した反動が背骨周辺、体幹の深い部分に感じられるようになります。

腕の力を使わないわけではありませんが、体幹と腕の運動連鎖が繋がることで、全身が連携して力を出すシステムが構築され、腕にかかる力感が非常に薄くなり、体幹の深層筋の収縮を強く感じられます。全身がまとまって力を出せるようになり、棒を床に押し付ける力の質が変わります。

この感覚は、相手に手先から力を加える際にも応用できます。腕の力だけで力を加えると、相手にも部分的な力しか伝わりませんが、体幹を連動させて力を加えると、相手の体幹にまで重みが伝わるような力感になります。

これは、相手の腕を軽く押すだけで、全身に力が響いたり、相手の姿勢を崩したりできるような、小さな動きで大きな力を生み出す力の出し方に繋がります。パンチにも有効で、軽く手を飛ばしたように見えるパンチでも、全身の重さが乗ったような威力になります。

棒を床に押し付ける際、手を下に降ろそうとする動きに体がつられて、体を前に倒してしまうと、体幹の安定が崩れ、腕だけの力になってしまいます。そのため、基本の伸びの姿勢を保つことが重要です。

10呼吸〜20呼吸くらい繰り返します。

息を吸う時には力を緩めて、吐く時に力を発します。

胡座棒押し

壁に向かって胡座で座ります。

胸の前で棒を持ち、壁に向かってかざします。

そのまま、吐く息に合わせて腕を伸ばすように力を発し、棒を壁に押し付けます。

胡座棒押し

壁に向かって胡座で座り、胸の前で棒を持ち、壁に向かってかざす。そのまま吐く息に合わせて腕を伸ばすように力を発し、棒を壁に押し付ける。強く押すほど胡座の姿勢が後ろへ倒れそうな反発が返ってくるので、それをインナーマッスルで受け止め、安定を保つ。「伸びの姿勢」が重要。
10 呼吸〜 20 呼吸くらい繰り返す。

強く押すほど、胡座の姿勢が後ろへ倒れそうな反発が返ってきますが、それを体幹のインナーマッスルで受け止め、安定を保ちます。

ただ胡座をかくだけでは力は入りませんが、これまで解説してきた「伸びの姿勢」を意識することで、腹の奥深くに力の返りを感じられるようになります。

棒がなければ、壁に近づき、両掌で直接壁を押しても構いません。

一般的な身体使いでは実に不自然で力が入りにくい姿勢ですが、がむしゃらに押すのではなく、力が入る適切な姿勢を見つけるつもりでチャレンジしてください。

10呼吸〜20呼吸くらい繰り返します。

息を吸う時には力を緩めて、吐く時に力を発します。

12 力の連鎖のテスト方法

さてこの棒の鍛錬、正しく出来ているかどうかを、自分の身体へのフィードバックだけで判断することが非常に難しいので対人稽古によってそれを検証する方法をご紹介します。

実施する機会がある方は、なるべくこの検証で、正しい力の出し方の運用が出来ているかを確認することをお勧めします。

まず、2人一組で正面に向き合います。お互いに足は肩幅か、それよりやや広い程度で、左右に足を開きます。足は前後に開かないようにしてください。必ず横に開きます。そして、少し膝を緩めて、これまで練習してきた伸びの姿勢を作ります。

これは、一つ前に紹介した棒の鍛錬における基本の姿勢と同じ状態、同じ姿勢を作ることにな

力の連鎖のテスト方法

2人一組で正面に向き合う。足は肩幅かそれよりやや広い程度に横に開く。膝を緩めて伸びの姿勢を作る。相手役は両手のひらを重ねて、上向きにして胸の前あたりで構える。トレーニングする側が、両手のひらを下に押して、手先だけで下ろすように力を加えていく。約10秒間、継続的に力を加えていき、正しい力の出し方ができていれば、受け手側はその力を是骨や膝、体幹全体に響くように感じられる。

ります。そして、相手役の方は両手のひらを重ねて、上向きにして胸の前あたりで構えます。その両手のひらの上に、トレーニングする側が手のひらを下向きに重ねます。

次に、トレーニングする側が両手のひらを下に押して力を加えていきます。このとき、腰を落として全身で下がるようにするのではなく、手先だけを下に下ろすようにします。これを勢いをつけて行うのではなく、ゆっくりと継続的に力を出していきます。

約10秒間、継続的に力を伝えていきます。先ほど棒の鍛錬で学んだ正しい力の出し方ができていれば、受け手側は手のひらを押されたとき、その力が背骨や膝、体幹全体に響くように感じられます。そして、膝からぐっと崩されるような力を受けることになります。

しかし、もし力の出し方が正しくなく、姿勢も適切でなければ、腕だけの力に頼ったり、体を預けるようにして力を出している状態になります。この場合、受け手は腕だけに力を感じ、体全体に響く力は伝わりません。

この練習では、どれだけ強い力で相手の手のひらを押せるかが重要ではありません。むしろ、手のひらを押したときに力が相手の体全体に響くようになっているかどうかがポイントです。これを検証するテストでもあります。正しい力の発し方やその運用については、文章だけでその感覚を伝えるのは難しいため、実際にできる人の力の出し方を受けてみて、その違いを体感してもらうのが一番です。明らかに体全体に響くような力の出し方は、普通の力の発し方とは違う感覚があります。それを実現することが目標です。

この力の出し方をマスターすると、手先から相手に力を伝えるあらゆる技で、次元の違う全く異質な効果を生み出すことが可能になります。そのため、秀徹ではこの練習を非常に重要な稽古として取り組んでいます。

この力の出し方の質は、軽い力でも相手の体に響くパンチなどにも関係します。受け手側の感覚としては、手のひらから受けた力が全身に響くように感じられ、力をかける側の体の感覚としては、先ほどの棒の鍛錬と同じように、腕を使った感覚ではなく、自分自身の体の中心に響く感覚が出てきます。

自分の上半身や腕、肩に過剰な力感がある場合、それはここで目指す「強い力の出し方」にはなっていません。そのため、自分の感覚も基準にしながら、この練習に取り組んでください。

13 立つ力のまとめ

最後に一つ、是非やっていただきたい簡単な検証を紹介します。

体幹を養成する鍛錬として、先ほど紹介した「壁押し」の鍛錬があります。壁に向かって肩幅に足を開き、壁から遠すぎないように30センチから50センチ程度の距離で軽く膝を曲げた状態で立ちます。肘は90度程度に曲げて両掌で壁をぐっと押すトレーニングです。

このトレーニングは、力が入りにくく、もどかしいと感じるでしょう。インナーマッスルがうまく活用されないと力が入りにくいからです。ここで皆さんに試していただきたいことがあります。壁を押す姿勢はそのままで、今、両足が地面についている状態から、片足を浮かせて片足立ちになり、同じように壁を押してみてください。

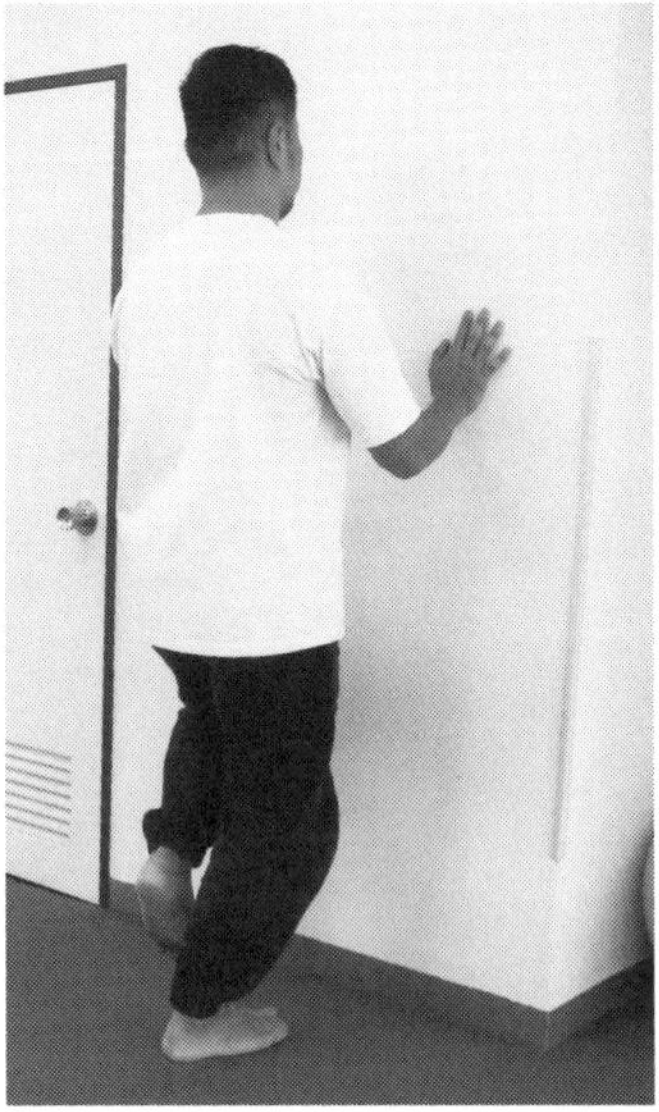

「壁押し」（199ページ参照）は力が入りにくいが、片足立ちになってみると非常に力が入りやすくなる。これは、不安定さが増すことで、体を安定させようとする筋肉がより働き出すことによる。

すると不思議なことに、片足立ちになると非常に力が入りやすくなると思います。そして片足立ちになったときには、体幹深層部を使った感覚が非常に分かりやすくなるはずです。そして、両足を地面につけて元の状態に戻り、もう一度壁を押すと、やはり力が入りにくくなってしまいます。

この現象は非常に重要な意味を持っています。なぜそうなるのか、解説します。

片足立ちで立っている時は、力が一点に集中するため、力の繋がりが非常に生まれやすい状態になります。小さい点で支えられているので、体は不安定になりますが、その分、インナーマッスルが活発に働くようになります。

我々は、安定した姿勢を取るとインナーマッスルはあまり使われなくなります。なぜなら、安定している状態では、姿勢を制御しなければならないという働きがあまり必要ではないからです。

片足立ちになると不安定さが増し、体を安定させようとする筋肉が自動的に働く仕組みになっています。これらの筋肉が働いているかどうかを、私たちは基本的に意識することはできません。ただ片足立ちになるだけで、これらの機能は積極的な活動を見せ始めます。

秀徹の理論では、このインナーマッスルの働きを引き出すことを最重要視しています。インナーマッスルが働く必要がない状況でも、積極的にその力を引き出せるような体を作ることを目標としています。

例えば、相手と力比べをする時に、お互い同じ姿勢に見えても、相手はインナーマッスルを使えていない状態で、自分はインナーマッスルを使えていると、全体の力の出し方が大きく変わります。両足で立った状態で、一見、インナーマッスルを働かせる必要がない状態であっても、自分だけはインナーマッスルが生きている状態を作ることができれば、全身が繋がった感覚が生まれ、相手よりも強い力を出せる、ということになります。例えば、立ち腕相撲などもそうです。

片足立ちでパンチを打っても結構威力が出る、というパフォーマンスをよく見かけます。不安定な状態なのに威力が出る、ということで驚きを感じることと思いますが、実は原理としては、片足立ちでも強い威力が出るのではなく、片足立ちで打つからこそ威力が出る、ということです。

立ち方が不安定な状態で力が出せるのは、インナーマッスルが自然に働いているからであり、逆に安定してしまうと、インナーマッスルは働く必要がないのでその力が発揮しにくくなる、というのが重要なポイントです。

ではこの働きを引き出すために片足立ちで不安定な状態を作ってトレーニングをすれば良いのかというと、実はそうではありません。不安定な状態でインナーマッスルが働くのは、誰でも同じだからです。

秀徹で目指すものは、通常の私たちの身体操作では稼働を必要としない場面でのインナーマッスルの働きを、強制的に引き出す能力を高めていくことなのです。

この検証でまずは、片足立ちと両足立ちでこんなに力の出方が違う、ということを理解してください。そして、壁を押すという行為がない時点では、インナーマッスルが働いている状態と働いていない状態の違いを明確に感じられないことを理解してください。

このことを理解し、インナーマッスルを最大限に活用する事は思いのほか難しいことである、ということをまず理解してください。全てはその認識から始まるのです。

秀徹では姿勢と呼吸を重要視しています。これらは全て、その難しい作業に取り組むための手段なのです。そして、その効果を高め、強めて、深く見つめていく過程で、私たちは重力に対して、正しい形で抵抗できているか、ということを見つめ直し「立つ」という姿勢について深く考えざるを得ません。

呼吸による内圧の高まりを鍛え、インナーマッスルの活動を引き出す。

姿勢制御により、インナーマッスルの活動を引き出す。

これらの要素は全て、別々のようでいて、実は一つの繋がりを持っています。

全ては体の連動力を集中させるための重要な原理を理解するための鍛錬なのです。このことを徹底的に考え抜き、この「立つ」という意識の高まりによって、姿勢の力が強まります。

秀徹の大原則である「伸びの姿勢」は、この「立つ」という意識を極限まで高め、深く見つめていくことなのです。

このことは、呼吸、腹圧、そして全身の連動という全てに関わってきます。これが、秀徹の身体操作の根本を理解することになります。

第6章

秀徹式筋トレ

自宅でも簡単に取り組める秀徹式筋肉トレーニングの一例をご紹介します。先に説明した「伸びる鍛錬」も厳密に言えば筋トレではありません。しかし「伸びる鍛錬」は筋肉の働きを強化する効果もありますが、最大の目的は、その動作によって普段あまり動かない筋肉の働きを引き出すことです。姿勢によって筋肉の収縮を促すことが目的です。

これから紹介する筋トレは、動かない筋肉の動きを引き出すというよりは、特定のインナーマッスルに強制的に刺激を与え、負荷をかけて強化することを目的としていますので、あえて「筋トレ」として別の章に分けています。

特に、通常の身体操作では収縮を感じにくい腸腰筋などを鍛えるためのトレーニングです。この筋トレの目的は、筋肉を使いこなせるようになることではなく、筋肉に無理やり負荷を与え、筋繊維を直接的に鍛えることです。筋肉の疲労感も感じやすいため、ついついこういった筋トレに終始してしまいがちですが、この筋トレだけを実施していても深層筋を動きのなかで使えるには不十分であり、あくまで「伸びる鍛錬」とセットで行うのが理想的です。両方をバランスよく行うことで、インナーマッスルが適切に機能し、かつ強さを備えるという、秀徹式トレーニングの全体像が完成します。

この章のトレーニングは、姿勢の矯正を目的とするものではなく、インナーマッスルの筋繊維を鍛えることに重点を置いています。

1 ダンベルを使った体幹トレーニング

強い打撃には、「全身のつながり」が不可欠です。このトレーニングは、その「全身のつながり」を強化し、体幹深部筋を効果的に鍛えることで、パンチやキックのパワーアップ、ひいてはあらゆる動作のパワー向上に繋がる、新しいタイプの体幹トレーニングです。スポーツ選手から健康増進を目指す方まで、どなたにもおすすめです。

トレーニング強度は複数段階に分けてご紹介しますので、ご自身の体力に合わせて無理なく挑戦してください。

この体幹トレーニングの目的は、この背骨周辺の安定性を強化し、全身の力を一つにまとめることです。これにより運動連鎖がスムーズになり、足元から体幹への力の伝達も効率化されます。

では、トレーニングを始めましょう。

ステップ1：片足上げ（壁を使って）

①踵とお尻を壁につけて立ちます。

②片足の膝を高く上げ、その状態を30秒→1分→1分30秒と段階的に保持します。

③踵とお尻は壁につけたままにします（背中は壁から離れていても構いません）。

④ポイント：通常の姿勢では、膝を上げると、自然に上半身が後ろに傾いてバランスを取ります。しかし、このトレーニングでは背中側に壁があるため、後ろに傾くことができず、バランスを調整できなくなります。

その結果、体が前に引っ張られて倒れそうになりますが、体幹から軸足つま先への連鎖によって踏ん張る力を生み出すことで、姿勢を保持します。

ステップ2：片足上げ＋腕伸ばし（壁を使って）

①ステップ1と同じ体勢で片足を上げます。

②両手を前に伸ばして保持します。

③ステップ1よりも強度が高まります。

ダンベルを使ったトレーニング

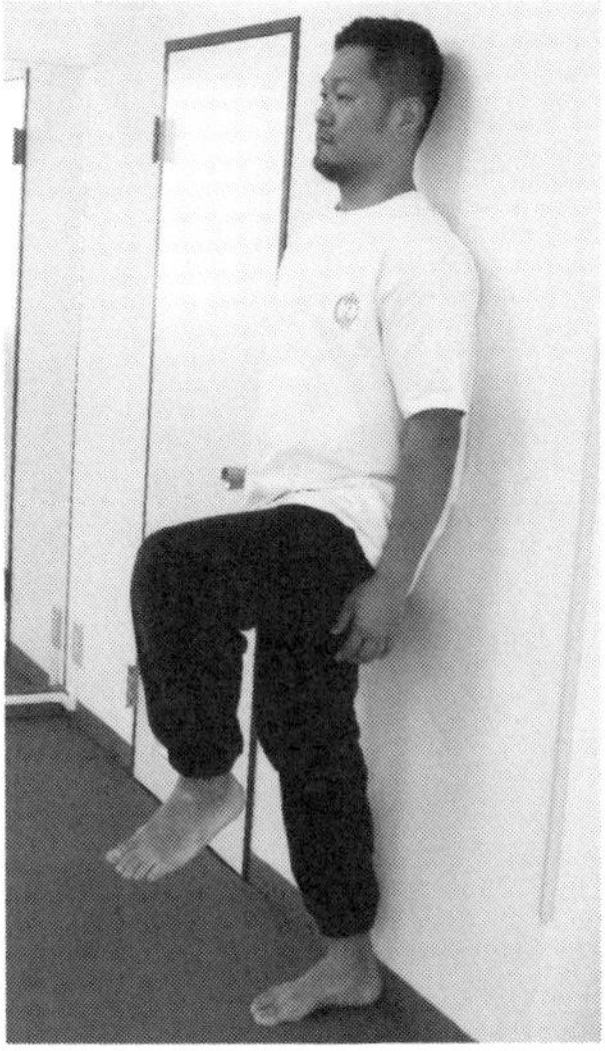

ステップ1　片足上げ

踵とお尻を壁につけたまま片足の膝を高く上げ、保持する。壁を背にしているために、上半身を後ろに傾けるバランスの取り方ができないため、体幹から軸足つま先への連鎖による踏ん張る力で姿勢を保たなければならない。

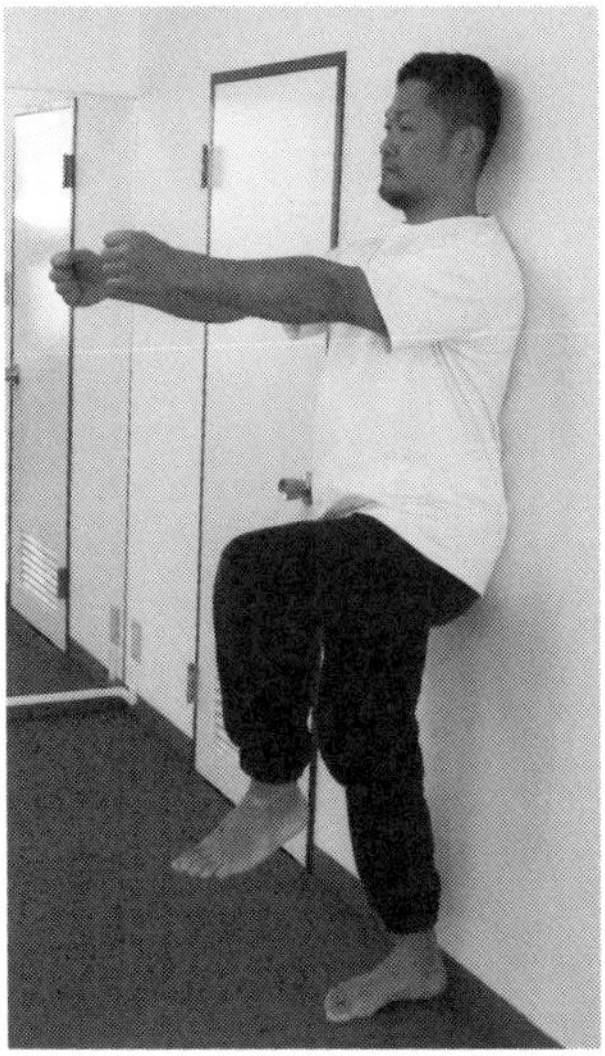

ステップ2　片足上げ＋腕伸ばし

ステップ1と同じ体勢で片足を上げる。両手を前に出して保持する。

ステップ3：軽めのダンベルを使った片足上げ（壁を使って）

① ステップ1、2と同様に片足を上げます。
② 両手にダンベル（ペットボトルでも代用可）を持って行います。
③ 重さは徐々に増やしていきましょう。

ステップ4：重いダンベルを使った体幹トレーニング（壁を使って）

① 両足を壁につけたまま立ちます。
② ダンベルを両手に持ち、肘を伸ばしたままダンベルを前に持ち上げます。
③ 重心が前に移動するため、体幹を安定させる必要があります。
④ かかとを壁から離さないように注意してください。
⑤ 重量は5キロ程度から始め、徐々に増やしていきましょう。保持時間も長くすることで効果的です。

これらのトレーニングを通じて、体幹の深部、特に背骨周辺の筋肉が強化され、必要なときにつま先や踵に瞬時に力を伝えられる身体になります。この効果は、足に限らず、手から力を発する動作においても同様に発揮されます。こうして、全身が一体となって動くための連動性（連鎖）

ダンベルを使ったトレーニング

ステップ3　軽めのダンベルを使った片足上げ（壁を使って）

ステップ1、2と同様に片足を上げる。両手にダンベル（ペットボトルでも代用可）を持って行う。

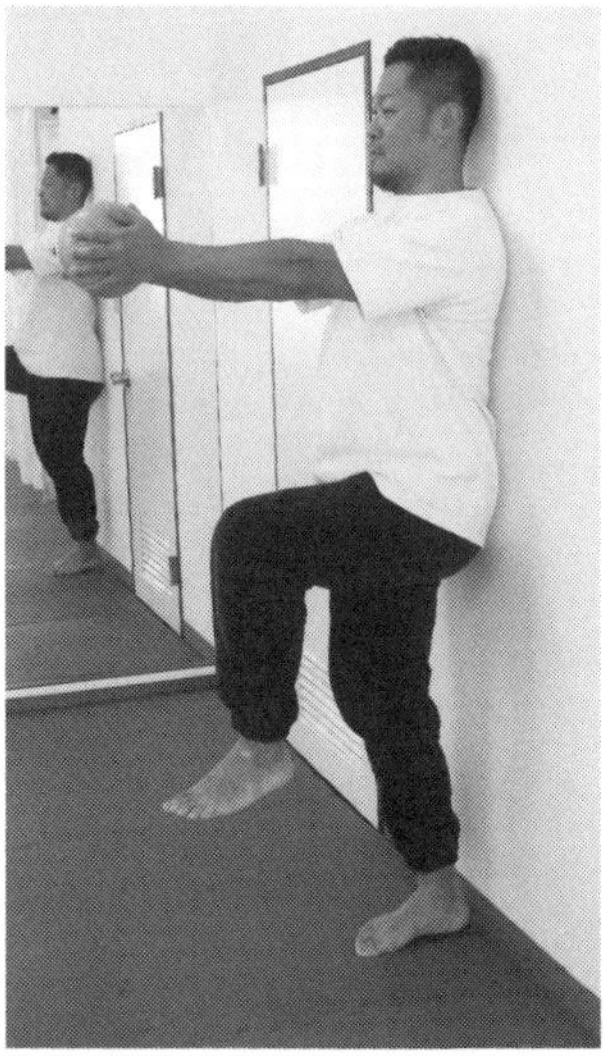

ステップ4　重いダンベルを使った体幹トレーニング（壁を使って）

両足を壁につけたまま立つ。ダンベルを両手に持ち、肘を伸ばしたままダンベルを前に持ち上げる。重心が前に移動するため、体幹を安定させる必要がある。かかとを壁から離さないように注意して。

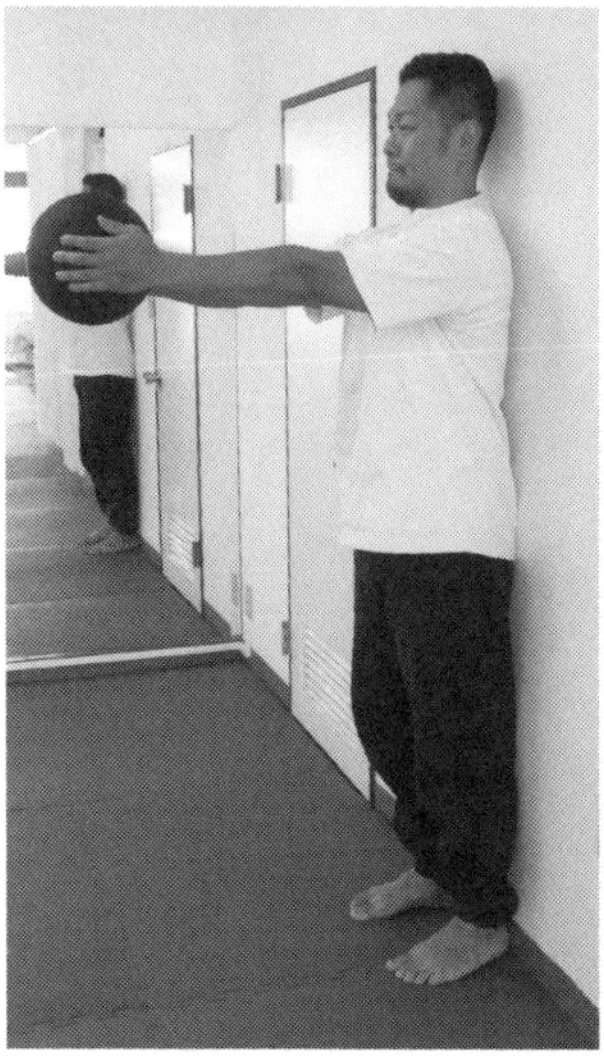

が養われていきます。

2 和式しゃがみ（Asian Squat）

和式しゃがみ、通称「うんち座り」は、かかとを地面につけたまま深くしゃがむ姿勢です。この姿勢を保つのが難しいという人は多いのではないでしょうか？

子供の方が比較的簡単に取れる姿勢ですが、最近では子供でもこの姿勢を取れないケースが増えていると言われています。和式便所の文化が減ったことも影響しているかもしれませんが、それ以上に体幹や大腰筋を使う機会が減り、姿勢を支える筋力が低下していることが大きな要因と考えられます。

実はこの姿勢を取ることは、大腰筋を強く働かせるのに非常に有効です。

大腰筋の働きが弱いと、この姿勢で耐えることができません。トレーニングのポイントとして、かかとは床から離さず、つま先を真正面に向けます。最初は肩幅程度に足を開き、徐々に狭くしていくと難易度が上がります。まずは肩幅の状態でしゃがめるように挑戦してください。ただしこのとき腰を丸めてしまうと力が逃げるのでご注意ください。

和式しゃがみができない原因は、足首の硬さではなく、大腰筋の収縮が足りないことがほとん

和式しゃがみ

かかとを地面につけたまま、深くしゃがみ込む。この姿勢を取ることは、大腰筋を強く働かせるのに非常に効果的。
かかとは床から離さず、つま先を真正面に向ける。
肩幅程度の開きから始め、徐々に狭くしていくと難易度が上がる。

どです。実際に、私の会員さんの中にも「足首が硬いからできない」と思い込んでいた方がいましたが、鍛錬を積めばこの姿勢を取れるようになりました。

この姿勢で大腰筋を正しく鍛えるためには、以下のポイントを意識してください。

- 骨盤を後傾させない（背中を丸めない）
- 顔を正面に向け、頭をしっかり上に伸ばす
- 背中に力を入れて、姿勢を安定させる

この姿勢が大腰筋に効くのは、かかとをつけたまましゃがんだ際に、体の重心が後ろへ移動し、それを支えるために大

腰筋が収縮するからです。体型によって負荷のかかり方が異なり、細身の人は比較的楽にできる
一方、体が分厚い人ほど負荷が高くなります。

負荷を調整する方法として、
・両手を前に伸ばす↓負荷が軽くなる
・両手を腰の後ろで組む↓負荷が上がる
・両手を頭上に伸ばす（バンザイの姿勢）↓最も強い負荷

このように工夫することで、自分に適した強度でトレーニングが可能になります。

和式しゃがみ：ハード編

和式しゃがみの強度をさらに高める方法を紹介します。

① しゃがみ込んだ姿勢のまま、両手で棒を持つ。
② 息を吐きながら、棒の端を壁に押し付けるように力を加える。
③ 身体全体で押すのではなく、姿勢を保ったまま腕を伸ばそうとするようにして押す力を加え

和式しゃがみ（ハード編）

しゃがみ込んだ姿勢のまま、両手で棒を持って、息を吐きながら棒の端を壁に押し付けるように力を加える。
身体全体で押すのでなく、姿勢を保ったまま腕を伸ばそうとするようにして押す力を加え、壁からの反力に耐える。
息を吸うときに力を抜き、吐きながら再び力を出す。

る。
④ 壁からの反力で後ろに倒れそうになるが、それに耐える。
⑤ 息を吸うときに力を抜き、吐きながら再び力を出す。
⑥ この動作を繰り返す。

〈ポイント〉
- 壁を押す際に、顔を正面に向け姿勢を崩さないようにする。
- 骨盤を立てて、背中を丸めないように意識する。
- しっかり息を吐きながら押すことで、体幹の深層筋に効果的な刺激を与える。

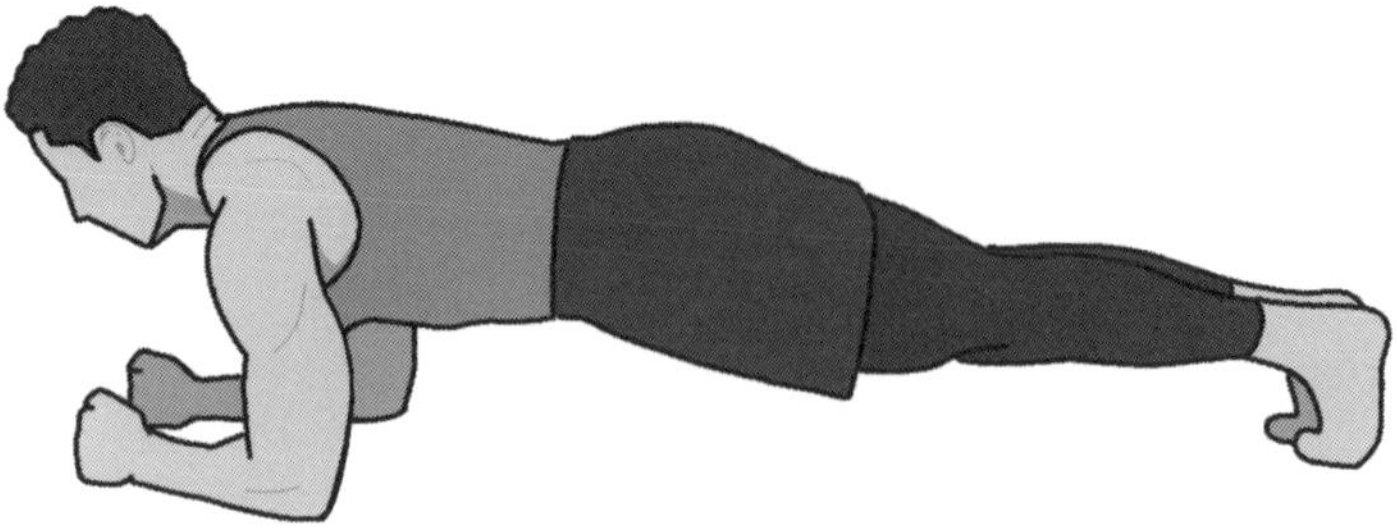

一般的なプランク

このハードバージョンは、通常の和式しゃがみよりも体幹と大腰筋に強い負荷がかかるため、より高いトレーニング効果が期待できます。最初は軽く押すところから始め、慣れてきたら力を強めてみてください。

3 秀徹プランク

秀徹会員の皆さんにはおなじみの、独特で超ハードな体幹トレーニング方法をご紹介します。かなり刺激が強いものですが、できるかどうか、皆さんぜひチャレンジしてみてください。

主に腹直筋・腹斜筋など、胴体を取り囲む表層の筋肉群が鍛えられます。

これは、体幹トレーニングの中でも非常に一般的な種目のひとつです。

秀徹でももちろん体幹の力は非常に重要視しています。

ただし、一般的なプランクで鍛えられる部分とはやや異なる領域に、より強烈な刺激を与えることで、よりハードな方法で体幹を鍛えています。

「秀徹プランク」と呼んでいる、以前から取り組んでいる独自のプランクがそれです。

この秀徹プランクでは、最初に紹介した一般的なプランクとはまったく異なる種類の刺激が身体に加わります。

必要な筋肉が十分に鍛えられていない人にとっては、「腰の骨がどうにかなってしまうのではないか」と感じるほどの強烈な刺激があります。フォームや姿勢の作り方によって鍛錬の強度がかなり変わってくるため、きつめの姿勢と軽めの姿勢の調整が可能です。これからその方法を説明しますので、無理をせず、ご自身のレベルに合わせて調整しながら取り組んでみてください。

まずうつ伏せになります。両手を後頭部の後ろに組みます。つま先と両肘とで体を浮かせて支えます。基本はこれだけですが、細かなポイントを解説します。

① 両肘とつま先との距離について：これがこの鍛錬の一番の肝になります。両肘とつま先との距離をできるだけ長く開くことが大切です。厳密に言うと肘ではなく、上腕三頭筋の上の方、この辺りで支えるような感じです。肘の場所が下に下がれば下がるほど、鍛錬の強度は弱くな

秀徹プランク

うつ伏せになって両手を後頭部の後ろに組む。つま先と両肘とで体を浮かせる。

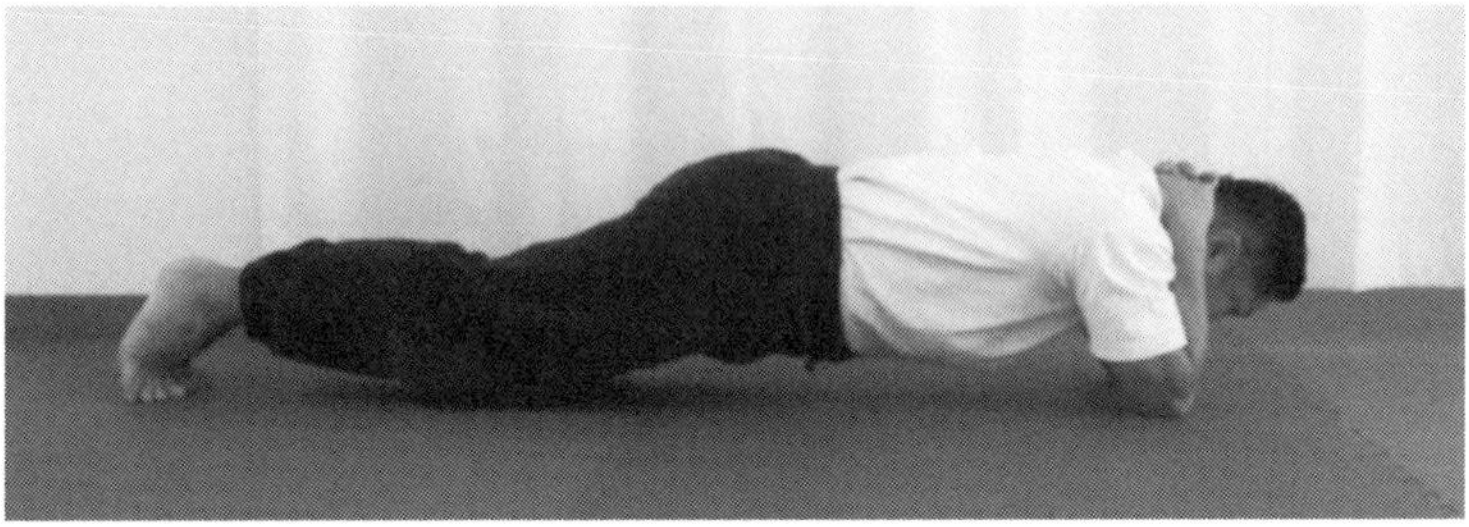

肘をより頭の上の方に、つま先から遠い位置に置くとよりハードになる。

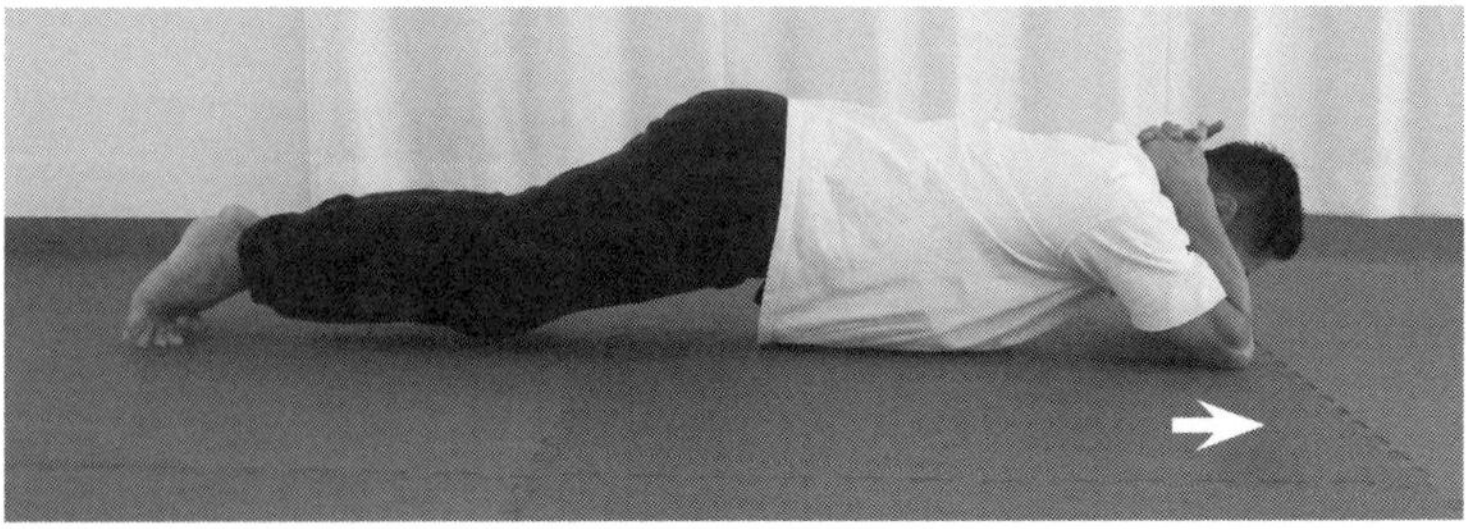

ります。ハードにしたければ、できるだけ肘を頭の上の方に、つま先から遠いところに置いてください。そうすると胴体やお尻は床からあまり高く上がらなくなります。お尻が高く上がっているときは、肘とつま先との距離が近く、鍛錬の強度は弱くなっていると思ってください。つらくて胴体を持ち上げることができないという人は、肘を下の方に下ろしてくれれば強度が下がりますので、そこから徐々に慣らしていってください。

② 呼吸について：トレーニングの強度を上げるためには呼吸の仕方もとても大切です。吸う息を短く、吐く息をできるだけ長く、そして息はなるべく吐き切ることを意識してください。（吸気は短く、呼気はできるだけ長く吐き切る）この呼吸を守ることで鍛錬の強度が非常に高まります。吐く息を短くすぐに吸い込んだり、息を止めたりしていると、鍛錬の強度が下がります。

③ 肘とつま先をめり込ませる：楽にこなせるようになったら、どんどんきついやり方に深めていくこと。「できた！」と満足して、同じ方法で時間だけを延ばす人がいますが、楽なフォームで長時間続けても、十分な効果は得られません。

先ほどお話しした呼吸法で10呼吸楽にこなせるようになったら、負荷をさらに強めて10呼吸でギリギリこなせるぐらいのやり方にどんどん変えていってください。強度を高める方法は、まず肘を上げること、次に吐く息をさらに長くしていくこと。それでも楽になってきたら、次に肘とつま先を地面にめり込むように力を加える。これを全力でやれば、10呼吸楽にこなせるということにはならないと思います。どの鍛錬もそうですが、すぐに楽なフォームになりがちですが、大切なことはそのトレーニングで楽することではなく、きちんと効かせることです。今挙げた、しっかり効かせるためのポイントを意識しながら、どんどん強度を高めていってください。

この秀徹プランクでは、体幹表面の筋肉（いわゆるコルセットのような筋群）ではなく、背骨の周囲にある腸腰筋など、普段は意識的に使うことが難しい深層筋に対して、強烈な緊張を与えます。

人によっては、背中の筋肉に「ヤバそうだな」という印象を持たれるかもしれませんが、実際には背中の筋肉の緊張はほとんど関与していません。

この運動で感じる背中や腰の〝痛み〟のような強烈な刺激は、実はもう少し身体の前側、背骨付近のインナーマッスルが受けている緊張感なのです。

もし刺激が強すぎると感じる場合、それはこれらの筋肉群が、まだ体重を支える準備ができていない状態ということ。

その場合は、肘を通常よりも大きく下げて負荷を軽減し、軽めのフォームから少しずつ慣らしていってください。

この鍛錬は、体をパワーアップさせるうえで非常に効果的です。

秀徹プランクは、初めて行う人にはかなりきつく感じられるかもしれません。

実際、秀徹の稽古会の会員たちも、最初に教えたときには皆が本当に悲鳴を上げていたほどです。

しかし今では、それだけでは物足りなくなってきており、稽古会では背中を上から押してもらって、さらに負荷を高める工夫も取り入れています。

4 秀徹式ランジ

続いても、秀徹会員の皆さんにはおなじみのハードな体幹トレーニング、秀徹式ランジトレーニングをご紹介します。

秀徹式のランジトレーニングは一般的なものと少しやり方が異なります。

ランジは、足を前後に大きく踏み開いて低い姿勢をとり、そこからまた立ち上がるという動作を繰り返すトレーニングで、かなり一般的にも知られているトレーニングです。

前方に踏み出したり、後ろに足を引いて腰を下ろしたり、どちらのパターンでもトレーニングは可能ですが、負荷を高めるとすると、ダンベルやバーベルを持って、体重を重力方向への負荷を高めて鍛えるのが主流だと思います。

このとき、特にトレーニング効果が強く負荷がかかり、トレーニング効果が期待できるのが、前に踏み出した足です。前足の太もも、もしくは大臀筋に非常に大きな負荷がかかります。そして重い物を持てば持つほど、その負荷は高まります。

秀徹式のランジは、一般的なランジとは効かせる部位が異なり、後方に伸ばした足に負荷をかけることを目的としています。特に、後ろ足から体幹を通じて上半身と下半身のつながりに深く関与する大腰筋や腸腰筋へのトレーニング効果が非常に高いのが特徴です。

そして一般的なランジトレーニングは重力方向に負荷を高めていきますが、秀徹式はこのランジの姿勢を取ったときに、体の前方から背中側に向けて負荷をかけます。その方向に負荷をかけることによって、後ろ足の繋がり部分に非常に大きな負荷がかかります。

では、フォームを説明します。足を前後に大きく踏み開きます。このときに後ろに引いた足の膝が地面から高い位置にあるとトレーニング効果が薄れますので、膝はまず一旦地面（床）に軽くつけ、そこから数センチ浮かす程度、床すれすれのところまで膝を落とします。

そして前足の膝は、90度、もしくは90度よりもさらに腰を低い姿勢をとります。そして、腰から上（上半身）は地面に対してまっすぐ、なるべく上に90度に立ち上がるようにします。毎回前かがみにならないようにしてください。

秀徹式ランジ

足を前後に大きく踏み開き、後ろに引いた足の膝を一旦地面に軽くつけ、そこから数センチ浮かす程度。床すれすれのところまで膝を落とす。

前足の膝は 90 度もしくはさらに腰の低い姿勢をとる。

上半身は地面に対してまっすぐ立ち上がるように。

この姿勢を保ったまま、両手のひらを壁につき、吐く息に合わせて両手のひらでグーッと壁を押す。

呼吸に合わせて 10 回から 15 回ぐらい全力で行う。

そしてこの姿勢を保ったまま、両手のひらを壁につきます。そして、吐く息に合わせて両手のひらでグーッと強く壁を押します。壁を押す力が強くなれば強くなるほど、後ろ足の体幹部から後ろ足の付け根にかけての、上半身と下半身の繋がり部分に強烈な刺激が加わります。

これを呼吸に合わせて、10回から15回ぐらい全力で繰り返します。これを左右の足、両方行います。このトレーニングはインナーマッスル、アウターマッスルも両方にかなり強烈な刺激が加わりますので、非常に体幹を強化することに効果的です。

どこでも簡単に行えますし、特に負荷を高めるときに重いダンベルを用意しなければ、ということもありません。負荷を高めていくためには、自分が壁を押す力を強めていけば良いわけなので、非常に手軽かつ効果的なトレーニングですので、ぜひチャレンジしてみてください。

5 秀徹ハーフエクステンド

秀徹ハーフエクステンドとは動きのイメージからの造語です。体幹トレーニングで有名なデッドバグに似た動きですが、実際には体の内部で引き出される力や体の動かし方が大きく異なります。深部に強烈な刺激がくる秀徹式のトレーニングです。

秀徹式ハーフエクステンド

仰向けに寝て両手で両膝を抱え込むような姿勢をとる。

鼻から息を吸い、口からしっかりと息を吐きながら、右手を頭上へ、左足を下方へと引き伸ばす。

同時に、胸に抱えていた右膝を強く引き上げ、右手の方向へと近づけるように動かす。

手足が地面につかないように注意して行う。

続いて左右入れ替えて行う。

左右交互に 10 ～ 20 回を目安に。

まず、仰向けに寝て、両手で両膝を抱え込むような姿勢をとります。体を丸めるようなイメージです。

この状態がスタートポジションです。

鼻から息を吸い、口からしっかりと息を吐きながら、右手を頭上へ、左足を下方へと引き伸ばします。手と足は床すれすれの位置まで伸ばし、できるだけ遠くへ意識して引っ張るようにします。右手と左足が反対方向にしっかりと伸びるように意識してください。

同時に、胸の前に抱えていた右膝はさらに胸に引きつけるようにします。つまり、右手と右膝を頭の方向へ引きつけ、左手と左足は足の方向へ伸ばす動作になります。

このトレーニングでは、手足が床につかないように注意してください。

体を左右で分けて、思い切り伸びながら、息を吐き切るように3〜5秒かけて行います。息をすべて吐き終えたら、吸いながら最初の姿勢に戻ります。

次に、左右を入れ替えて同じ動作を繰り返します。

この運動では、手足を上下に強く引き伸ばすことと、反対足の太ももは全力で胸に引きつけるようにすることが重要です。ただ手足を地面すれすれまで下ろして元に戻すだけの動作になってしまうと、深層筋（インナーマッスル）に十分な効果が得られません。そのため、しっかりと全力で行うことを意識してください。

全力でやれば、鍛えられた人でも初心者でも、自分の限界まで追い込むことができる非常に効果的なトレーニングです。

左右交互に10回～20回を目安に、体力に応じて行ってください。

習熟してきたら、発展形としてこの動作を立った状態で実施する方法もあります。この場合も基本の動作は同じです。例えば、左足で片足立ちになった状態で、右手を頭上へ伸ばし、同時に右の太ももを思い切り引き上げます。

この立位バージョンを行う際には、腰を反らさないよう注意してください。腰を反らしてしまうと負荷が適切にかからず、効果が低減します。必ず中立位を保ち、自然な背中の状態をキープすることを徹底しましょう。

6 シャドウのすすめ

秀徹の身体操作において、パンチ強化に非常に効果的な方法としてシャドーボクシングがあります。意外に思われるかもしれませんが、空手の基本稽古である「空突き」（その場で空中に向かって突きや蹴りを繰り出す動作）も同様です。

私は突きの練習として、足を平行にやや腰を落とした状態から、中段突きを強く早く繰り出す練習を、非常に熱心に実施しました。

一般的に、パンチの威力を高めるには、硬いミットや重いサンドバッグを打ち込み、拳に負荷をかける練習が有効と考えられています。しかし、ミット打ちなどの対象物がある練習だけでなく、対象物がないシャドーボクシングも非常に効果的なのです。

秀徹の基本的な考え方は、「体は安定させておく」ことです。

全身をミットにぶつけるのではなく、拳はミットに飛んでいくが、体幹は安定して立っている状態を優先します。この切り分けによって、威力が大きく変わります。シャドーボクシングはこの切り分けを養成するのに有効です。

シャドーボクシングでは、拳をスピーディーに全力で飛ばし、戻す動作を、できるだけ大きく、

シャドウ

拳をスピーディーに全力で飛ばし、戻す動作をできるだけ大きく広い範囲で行う。小さく縮こまって素早くやるのでなく、拳が思いっきり遠くまで飛んで行く距離感で。

広い範囲で行います。

小さく縮こまって素早くやるのではなく、手が思いっきり遠くまで飛んでいく距離感で、全力で行います。そうすると、腕の筋肉だけでなく、腕の激しい動きによって体幹が揺さぶられます。この揺さぶりを抑え、体幹を安定させることを鍛えるのがシャドーボクシングの目的です。

空手の突き稽古も同様で、こぶしを全力で飛ばすことで姿勢の安定感が鍛えられます。体幹に大きな揺さぶりが来るほど、拳を思い切り飛ばす必要があります。体幹の揺さぶりを抑える練習は非常に疲れるものです。全身運動である理由は、体の中心となる筋肉に大きな負担がかかるためです。

スピードのある揺さぶりは、姿勢を安定させようとする筋肉、特に無意識に働くインナーマッスルを鍛えます。

多くの指導を通じて、武道経験者でも、パンチに上半身がつられてしまう人が非常に多いことに気づきました。体幹の安定を保ったまま、自由に手足を飛ばせる人は少ないのです。

超一流のボクサーはシャドーボクシングを重要視しており、体幹の安定と拳のスピードのコントラストが明確です。

体幹の安定が確実になると、パンチのスピードが上がり、威力も向上します。締まる部分と脱力する部分のコントラストが明確になり、手の動きが速くなり、威力も上がっていくでしょう。

あとがき

私は秀徹で得られる威力を、格闘技の試合で試したいという思いは全くありません。また、それを街の喧嘩に役立てたいとも微塵も思いません。

私は、自分の体が持ちうる最高の力、体の可能性を最大限に追求し、「自分の体にはこんなポテンシャルがあったのか」「こんなことができるようになったのか」という喜びを得ることで、生きる実感を味わいたいのです。

私が勝負しているのは、私以外の誰かではなく、5年前の自分、1年前の自分、先月の自分、昨日の自分、つまり自分自身です。自分自身と向き合い、一歩ずつ前に進んでいく、その成長を楽しんでいます。これは、素晴らしい生きがいとして、私の精神の安定に非常に貢献してくれています。

しかし、秀徹の身体操作にゴールはありません。

指導を始めてからも内容は大きく変化し、今なお進化を続けています。指導とフィードバックを通じて、常に新たな発見を得ていますので、本書の内容も「完成された技術」ではありません。

私の生徒の皆さんも、日々の鍛錬をそれぞれの形で楽しんでくれています。その様子を見ていて、私は秀徹を指導していく今の状況をとても嬉しく思っていますし、皆さんのことをとても誇らしく思います。それぞれのあり方で秀徹に熱心に取り組んでくれている稽古会の仲間、オンラインクラスの仲間たちに深く感謝します。秀徹の活動をネットを通じて応援してくれた皆さんにも、大変励まされました。本当に感謝しています。

ＢＡＢジャパンの皆様にはビデオや書籍の出版に際して大変お世話になりました。ありがとうございます。本書の執筆については構想をいただいてから……いつの間にか……3年近い月日が経過していたようで……編集の原田さんには根気よく温かくお待ち頂きました。大変お世話になりました！

そして私を支えてくれた妻や家族の存在なくしては、私はこの秀徹を立ち上げることはできなかったでしょう。何を隠そう、当時3人目の子供が産まれたばかりで、もっと家族との時間を大切にしたい！というのが、私の秀徹立ち上げの一番のモチベーションだったのです。

的確なアドバイスで導いてくれ、私にはない着眼点で、秀徹という体系を形作るにあたって、大いに力になってくれた妻には、本当に頭が上がりません。いつもありがとう！

本書を通じて、多くの皆さんが自分の身体の可能性を見つけ出し、自分自身の成長を楽しみ、人生の喜びを見つけ、自信を手にするきっかけの一つになれたら本望です。

2025年3月

藤原将志

著者プロフィール

藤原将志（ふじわら まさし）

空手をはじめ、さまざまな流派に学び、その過程で鍛錬方法を模索する。また、数多くの武道家や格闘家との交流も行う。2020年には、技の威力にこだわる空手として「秀徹空手道」を立ち上げる。現在は、空手道にこだわらず、より自由かつ幅広い研究を行うという意味で、会名を「秀徹」と改め、流派・団体を問わない指導を続けている。DVD『秀徹 技の威力を作る！』『秀徹 本当の威力姿勢』（ともにBABジャパン刊）を刊行。

装幀：谷中英之
本文デザイン：中島啓子

秀徹 新打撃術 超弩級の威力を生む深層筋トレーニング

2025年5月10日　初版第1刷発行

著　　者　藤原 将志
発 行 者　東口 敏郎
発 行 所　株式会社ＢＡＢジャパン
〒151-0073 東京都渋谷区笹塚1-30-11 4・5Ｆ
TEL　03-3469-0135　FAX　03-3469-0162
URL　http://www.bab.co.jp/
E-mail　shop@bab.co.jp
郵便振替 00140-7-116767
印刷・製本　中央精版印刷株式会社

ISBN978-4-8142-0708-4　C2075

打撃の稽古会・秀徹（しゅうてつ）

DVD

秀徹 技の威力を作る！

武術パワーを劇的に上げる訓練法

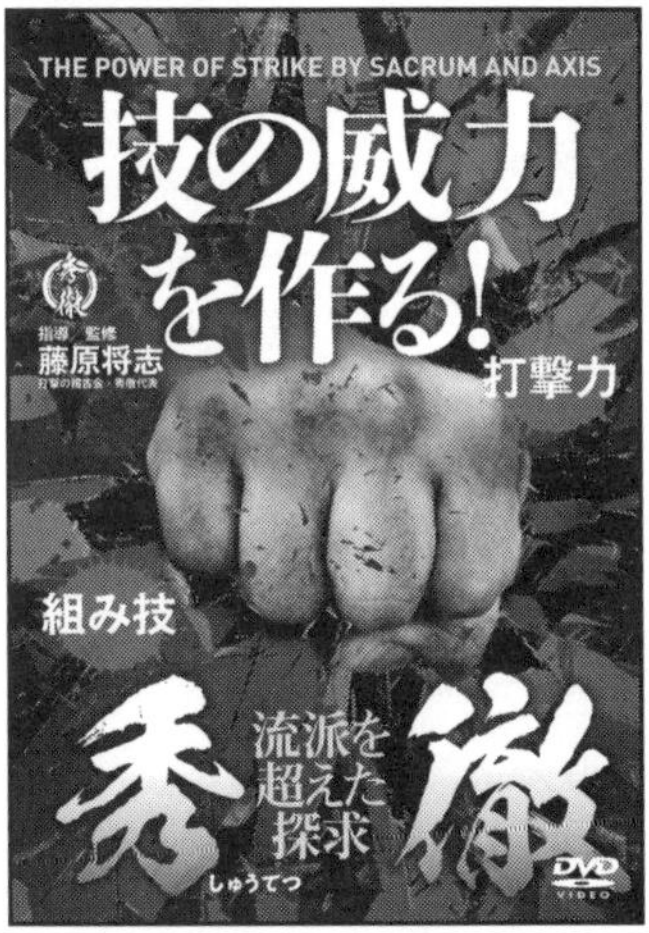

トップクラスの格闘家、各界の指導者たちも注目!

「あの短い距離で効かせるのがスゴいです。」
「軽く打ってるのに、貫通力がある。」

【打たれ慣れたフルコン戦士にも軽く効くパンチ】
（秀徹（しゅうてつ）公式動画・コメントより　119 万再生 /21 年 11 月時点）

突きの威力を紹介した上記の動画で、一気に注目を集めた打撃の稽古会・秀徹。このDVD ではそのコツを代表である藤原将志先生が丁寧に解説していきます。

威力に拘り抜いた藤原先生の探求の成果は流派を超えて、多くの方の稽古に資する内容となっています。

■指導・監修：藤原将志　収録時間：60 分　■本体：5,000 円＋税

CONTENTS

■爆発力を生む…秀徹のキホン二点
①仙骨を入れる／②天地軸を立てる

■爆発力の体感
貫通するチカラ／組み伏せるチカラ

■爆発力の養成
力を伝える鍛錬／重さを伝える鍛錬

■秀徹姿勢の応用…肚の締めを使う
武術的身体操作への応用／肚の締めによる爆発力

...etc